Handpuppen

Arbeitstechniken · Gestaltungsmöglichkeiten · Spielvorschläge

Ingeborg Rathmann

Handpuppen

Arbeitstechniken
Gestaltungsmöglichkeiten
Spielvorschläge

ENGLISCH VERLAG

CIP-Kurztitelaufnahme der Deutschen Bibliothek

Rathmann, Ingeborg:
Handpuppen: Arbeitstechniken · Gestaltungsmöglichkeiten · Spielvorschläge /
Ingeborg Rathmann. – Wiesbaden: Englisch, 1986.
ISBN 3-88140-243-8

Fotos und Illustrationen: Hubert und Lucie Gamber

Printed in Germany

Inhaltsverzeichnis

Vorwort

Handpuppen!

Wir kennen sie alle, denn als Kinder schauten wir mit Begeisterung zu, wenn Kasperle seine lange Nase hinter dem Vorhang hervorstreckte, viele Abenteuer bestand und am Ende des Spiels sich doch alles wieder zum Guten wendete.

Aber nicht nur die uns gut bekannten Kasperlepuppen sind Handpuppen. Da gibt es noch vielerlei Arten von Puppen: solche, die man ganz schnell herstellen kann und solche, die doch einige Zeit benötigen, um für das Spiel fertig zu werden.

Ebenso ist es mit den Spielen. Da gibt es welche mit vorgegebenem Text oder solche, bei denen nur der Ablauf vorher festgelegt wird. Andere wieder leben aus dem Moment heraus oder lassen den Spielablauf durch die Handpuppe selbst bestimmen.

Puppen und Spiele, einfache und komplizierte, sind in diesem Buch beschrieben worden, dazu die verschiedenen Möglichkeiten der Bühnen- und Spielleistengestaltung. Sicher ist für jeden und für viele Anlässe etwas dabei. Doch auch der eigenen Kreativität wurde genügend Raum gelassen.

Und drum auf an's Werk.

Ingeborg Rathmann

Ich bin die „Puppe aus der Tüte“ und begrüße ganz herzlich die Besitzer dieses Buches!

Hat man mich erst einmal gearbeitet, kann man schon viele Spiele machen und wir werden mächtig viel Spaß zusammen haben.

Damit ich aber niemand vom Puppenbasteln abhalte, werde ich erst einmal wieder in meiner Tüte schlafen. Tschüß und viel Spaß mit dem Buch!

Die „Puppe aus der Tüte“

Die „Puppe aus der Tüte“ übt auf groß und klein einen besonderen Reiz aus. Durch einfaches Drehen und Auf- und Niederschieben des Stockes wirkt sie sehr lebendig. Kinder sind vor allem davon angetan, daß man sie in der Tüte verschwinden lassen kann.

Eine Hand hält die Tüte fest und die andere bewegt den Stock. Man kann sie dabei zu sich schauen lassen, um sich mit ihr zu unterhalten, man kann sie aber auch genausogut zum Partner oder zum Publikum hin agieren lassen. In jeder Position wirkt sie spannend und regt zum Schmunzeln an.

Dazu ist sie auch noch überaus leicht anzufertigen.

Was braucht man dazu?

- einen 40 cm langen Stock, möglichst poliert, ∅ ca. 0,7 mm
- eine unpolierte Holzkugel mit Loch, ∅ ca. 4,5-4,8 cm
- ein Stück Kartonpapier von ca. 30 x 40 cm
- etwas fleischfarbenen Filz für die Hände
- Stoffreste
- festes Garn (Perlgarn)
- Wollreste für die Haare
- Verziermaterial, wie Knöpfe, Spitzenrestchen, Bändchen usw.
- Wasserfarben und feinen Pinsel
- Lack für die Holzkugel und evtl. für den Stock

Und so gehen wir vor:

Zuerst werden die Schablonen von Tüte, Kleid und Hand auf Papier übertragen.

Die Tüte wird aus Kartonpapier zugeschnitten, wobei für das Zusammenkleben etwas zugegeben werden muß.

Nach der Tüte, aber mit 1 cm Zugabe an *allen* Seiten wird der Bezugsstoff zugeschnitten.

Danach schneidet man das Kleid zu, ebenfalls mit Nahtzugaben.

Mit der Nähmaschine werden Bezugsstoff und Kleid zusammengenäht.

Beim Kleid läßt man für den Stock oben in der Mitte ein Loch offen.

Die Kopfbedeckung, Mütze oder Kappe schneidet man nach Belieben zu und näht sie, falls nötig, ebenfalls mit der Maschine.

Die aus fleischfarbenem Filz zugeschnittenen Hände (viermal zuschneiden!), werden mit engen Stichen auf der rechten Seite (ruhig sichtbar) mit festem Garn zusammengenäht und mit Stoffrestchen oder etwas Watte ausgestopft.

Dann näht man die Hände, mit dem Daumen nach oben zeigend, in die Ärmel ein.

Nun klebt man die Tüte zu und überzieht sie mit dem Bezugsstoff, den man beim unteren Loch nach innen schlägt und mit großen, beliebigen Zierstichen mit dem Karton verbindet.

Auf die Kugel malen wir ein freundliches Gesicht und überziehen sie mit Lack.

Sie muß allerdings so angemalt werden, daß das Loch nach unten zeigt!

Nach dem Trocknen des Lackes kleben wir Haare und Mütze oder Kappe auf.

Jetzt ist es Zeit, das Kleid zu verzieren! Da sind der Phantasie keine Grenzen gesetzt!

Anschließend werden Kleid und Tüte wie folgt zusammengefügt:

Der Stoff der Tüte wird am oberen Rand nach innen geschlagen und leicht angeklebt. Bei festem Stoff sollte man die Umschläge gelegentlich einschneiden und leicht übereinanderkleben. Diese Maßnahme sorgt für einen besseren Rand.

Das Kleid der Puppe schlagen wir nach innen ein und heften es leicht ab. Rockkante und obere Tütenkante legt man nun gegeneinander und näht sie mit den gleichen Zierstichen fest, wie am unteren Rand der Tüte.

Zum Schluß wird der Stock durch Tüte und Kleid gesteckt und im Loch des Kopfes festgeklebt.

Wichtig:
Nicht nur das Holz, sondern auch der Rand des Halsloches des Kleides muß dabei in das Loch gesteckt und sehr gut angeklebt werden, damit sich das Kleid nicht vom Kopf löst.

Das Spiel kann beginnen!
Doch halt, wie soll unsere Puppe denn heißen?

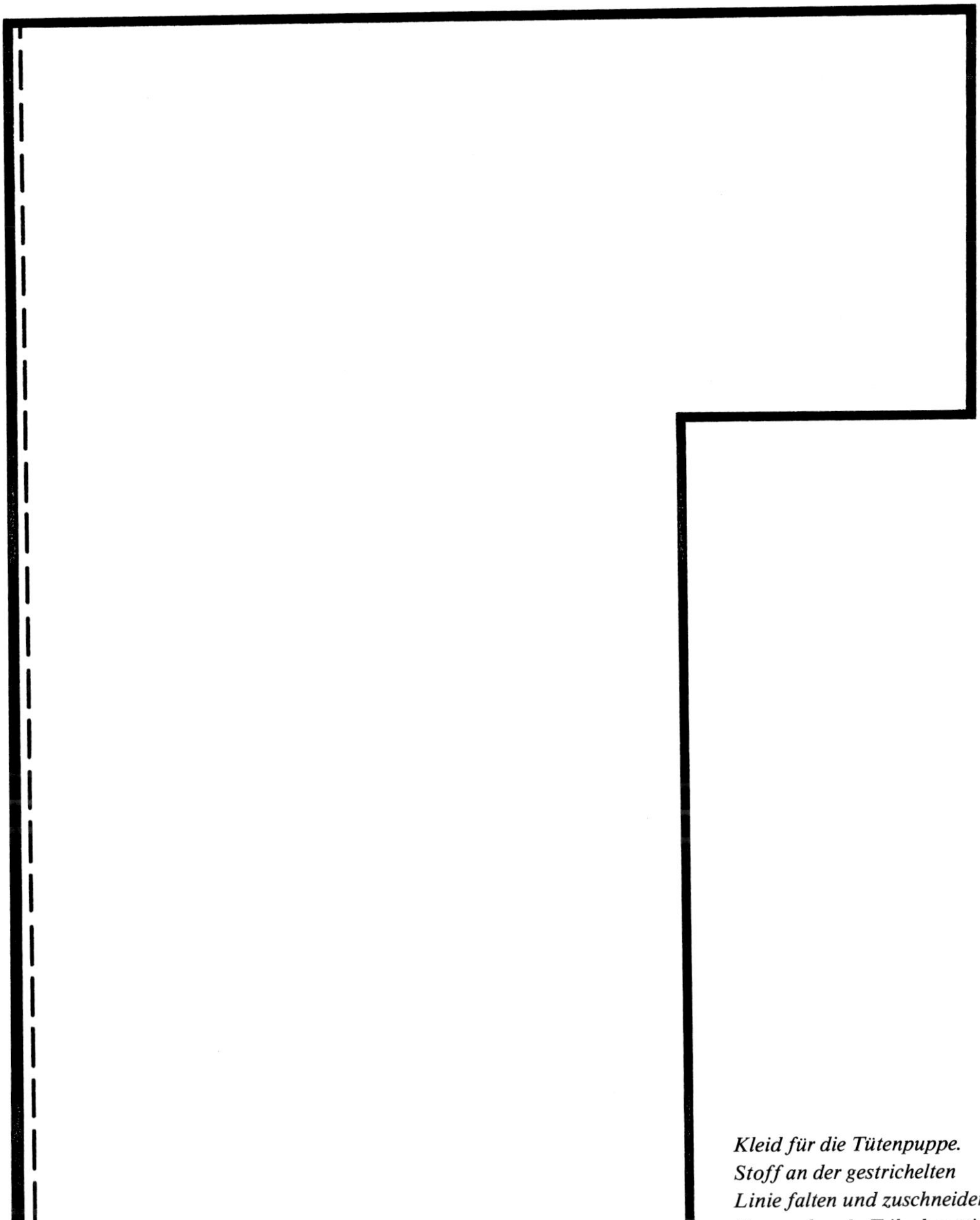

Kleid für die Tütenpuppe. Stoff an der gestrichelten Linie falten und zuschneiden. Es werden 2 Teile benötigt.

1/2 Tütenteil. Hand für die Tütenpuppe 4 x zuschneiden.

Handpuppen mit Köpfen, deren Grundformen aus Ton hergestellt wurden

Bei der Herstellung dieser Köpfe muß man Geduld und Ausdauer haben. Aber es lohnt sich!
Da die Herstellung nicht ganz einfach ist, ist diese Technik für größere Kinder, ja sogar für Jugendliche und Erwachsene geeignet.
Sie kann ein schönes Hobby sein!

Was braucht man dazu?

- Ton, den es im Bastlerladen oder beim Töpfer zu kaufen gibt
- Zellstoff aus der Apotheke
- Tapetenkleister, nicht zu dünn angerührt
- Farbe zum Bemalen der Gesichter
- Lack, um sie danach wasserfest zu machen

Und so gehen wir vor:

Zuerst sollte man Überlegungen anstellen, welche und wie viele Handpuppen man herstellen möchte und ob sie (wegen der Größe) vorwiegend von kleineren oder größeren Kindern, von Jugendlichen oder vielleicht sogar als Hobby von Erwachsenen gespielt werden sollen.
Am besten schreibt man sich die einzelnen Figuren auf und überlegt, welchen typischen Gesichtsschnitt sie haben.
Der Tisch wird mit Zeitung abgedeckt, der Ton ist in ein feuchtes Tuch gewickelt, es wird auf einer Kunststoffunterlage gearbeitet, eine kleine Schüssel Wasser steht bereit, ein alter Lappen für die Hände liegt daneben, man selbst trägt einen alten Kittel und nun kann es losgehen!
Machen wir doch erst einmal einen Probekopf.
Wir geben ihm einen allgemeinen Gesichtsausdruck und erproben seine Größe für unsere Puppen.

Leute, darf ich Euch meine Frau, die Gretl, vorstellen?

Ist der Kopfrohling, das heißt Kopf und Hals geformt, ziehen wir aus dem Kopf, möglichst mit beiden Händen zugleich, das Gesicht heraus.
Wir können es konturenhaft machen oder auch gestaltet. Das heißt, daß wir die Lippen formen, ebenso die Augenbrauen und die Augen. Das geformte Gesicht, ähnlich einer Plastik, bedarf schon großer Übung und kann zum künstlerischen Hobby werden.
Mit befeuchteten Fingern wird das Gesicht geglättet.
Müssen wir unsere Arbeit unterbrechen, decken wir den Tonkopf mit einem feuchten Tuch ab. Der Ton bleibt so feucht und modellierfähig, und wir können an einem anderen Tag weiterarbeiten.
Nacheinander arbeiten wir Kopf für Kopf.
Nach Fertigstellung müssen die Köpfe trocknen. Die Trockenzeit beträgt ca. 14 Tage. Aber bitte nicht in die Nähe einer Heizquelle stellen. Die Köpfe müssen ganz *langsam* trocknen.
Sind sie ganz durchgetrocknet, beginnt der zweite Arbeitsgang.
Wir stellen den Kleister in einem Schüsselchen griffbereit und daneben Wasser und einen Lappen für die Hände.
Den Zellstoff haben wir in einzelne, hauchdünne Lagen auseinandergenommen.
Zuerst wird der Kopf nicht zu dünn ganz mit Kleister eingeschmiert.
Dann legt man eine Lage Zellstoff darüber, streicht sie mit den Fingern beider Hände glatt und formt die Konturen des Kopfes nach.
Es dürfen keine Luftblasen und Hohlräume entstehen!
Danach geben wir eine zweite Lage Zellstoff darüber und streichen sie mit bekleisterten Fingern nach.
So können wir mit vier bis fünf Lagen Zellstoff verfahren. Dazwischen strei-

Köpfe aus Ton: Der linke Kopf ist schon mit zwei Schichten Zellstoff und Kleister überzogen und angetrocknet.

Hallo Leute, sehe ich nicht gut aus?

chen wir immer wieder den ganzen Kopf mit Kleister ein.
Dann muß der Kopf trocknen, bevor wir weitere Lagen Zellstoff und Kleister auflegen. Zweckmäßig ist es, sich alle Köpfe nacheinander in jeweils einem Arbeitsgang vorzunehmen. Dann ist der erste Kopf vielleicht schon trocken, wenn der letzte bearbeitet wurde.
Je genauer wir arbeiten und je sorgfältiger wir den Tonkopfkonturen nachgehen, um so schöner werden die fertigen Köpfe sein!
Wir tragen so viele Lagen auf, bis die Zellstoff-Kleisterumhüllung in getrocknetem Zustand ca. 2 mm dick ist. Dies läßt sich am Hals feststellen.
Nun die Köpfe wieder *gut* trocknen lassen. Dann schneiden wir mit einer Geradsäge den Hinterkopf ab und bohren den getrockneten Ton mit einem alten Schraubenzieher heraus.
Lassen Sie bitte in der Nasenspitze den Ton drin. Das stabilisiert die Nase.
Danach wird der Hinterkopf wieder zusammengeklebt und getrocknet.
Es ist ein leichter und doch stabiler Kopf entstanden, der die Formen des ursprünglichen Tonkopfes haben sollte.
Anschließend wird er bemalt, lackiert, erhält Haare und wird so zu der Person gestaltet, die er darstellen soll.
Zum Schluß kann er entsprechend angezogen werden.

Köpfe aus Holzmasse

Für ein dauerhaftes Handpuppentheater sind diese Köpfe sehr gut geeignet, da sie verhältnismäßig leicht sind.
Allerdings benötigt man für ihre Herstellung etwas Geschick und Zeit.

Was braucht man dazu?

- Holzmasse, entweder in pulverisierter Form oder als weiche Masse, abgepackt in Folie
- Wasser
- scharfes Schnitz- oder Küchenmesser
- Raspel
- verschiedenkörniges Sandpapier

Und so gehen wir vor:

Wird pulverisierte Holzmasse verwendet, knetet man sie nach Vorschrift und wickelt sie in Folie ein.
Zuerst machen wir uns Gedanken über Menge und Größe der herzustellenden Köpfe. Von der Masse nehmen wir so viel weg, wie wir ungefähr für einen Kopf benötigen. Dann teilen wir die Masse in so viele Teile, wie wir Köpfe herstellen wollen. Jedes Teil wird gesondert in Folie eingeschlagen.
Bitte einen Rest für Zusatz an den einzelnen Köpfen übriglassen!
Nun geht es an das Formen.
Aus einer Kugel arbeitet man zuerst den Hals heraus, den man länger, als anatomisch richtig, arbeiten muß. Die Masse am Ende nach außen formen, damit spä-

Köpfe aus Holzmasse: Der linke Kopf ist noch unbearbeitet, der rechte schon angeglättet.

ter daran die Kleidung angebracht werden kann.
Mit dem Zeigefinger wird nun vorsichtig ein Loch in den Hals gebohrt und zwar so tief, daß man später beim Spiel den Finger gut in den Kopf stecken kann.
Durch die Auslegung des Halses hat der Kopf Stand bekommen.
Wir stellen ihn auf ein Stück Folie vor uns hin und können mit beiden Händen zugleich das Gesicht ausformen.
Mit Wasser lassen sich die Konturen recht gut glattstreichen.
Nacheinander formen wir auf diese Weise die anderen Köpfe und geben ihnen durch Besonderheiten im Gesichtsschnitt die Grundlage der Figur.
Nun müssen die Köpfe einige Tage gut trocknen und zwar nicht in der Nähe von Wärmestrahlern, wie Heizung oder Ofen und auch nicht in der Sonne. Sie werden sonst leicht rissig.
Sind die Köpfe gut angetrocknet, legt man sie zweckmäßig um, damit sie auch von innen ganz trocken werden für die Weiterbearbeitung.
Mit Messer und Raspel geben wir ihnen die endgültige Form und bearbeiten sie danach mit verschiedenem Sandpapier, damit die Oberfläche glatt wird.
Die Köpfe werden mit Deckfarbe bemalt und mit Lack überzogen.
Nun werden sie angezogen.
Selbstverständlich kann man auch einen Stab in die Köpfe kleben und auf diese Weise sehr dauerhafte Stabpuppen herstellen.

Puppenkörper für Handpuppen

Will man einen Puppenkörper herstellen, der auch bequem zu spielen ist, so ist Folgendes zu beachten:
Die Körpergröße muß in etwa im richtigen Verhältnis zum Kopf stehen.
Der Körper muß so geschnitten sein, daß nach Abnähen der Nähte darin noch genügend Spielraum für die Hand ist.

Puppenhand verschiedener Größen: Durchpausen, auf Papier übertragen und mit ca. 2 mm Nahtzugabe zuschneiden. Soll die Hand noch größer werden, so umfährt man die Pause vor dem Zuschneiden in beliebiger Größe.

3 Beispiele, wie man mit wenigen Strichen den Gesichtern Ausdruck verleihen kann.

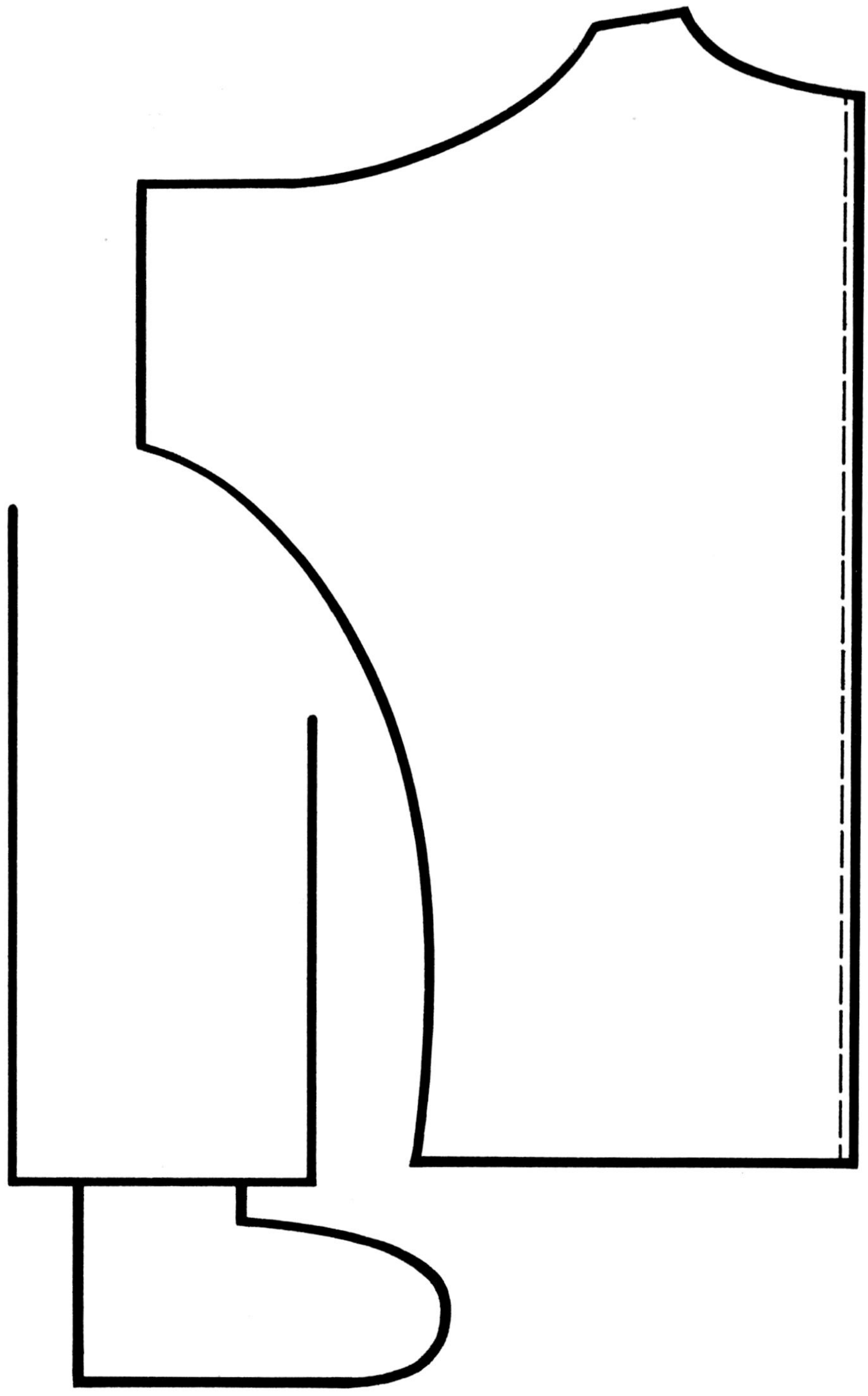

Halber Puppenkörper: Durchpausen und auf ein gefaltetes Stück Papier übertragen. Dabei die Nahtzugabe ringsherum nicht vergessen. Beim Bein mit Fuß ebenso verfahren. Möchte man den Fuß extra arbeiten, verlängert man den Schaft. Der Fuß kann auch ausgestopft werden.

Der Puppenkörper

Den Hals schneidet man so aus, daß er gut über den Halsteil des Kopfes gezogen und dort so befestigt wird, daß er beim Spiel nicht vom Kopf rutschen kann.
Die Arme müssen verhältnismäßig kurz sein, denn der Spieler muß bei gespreizter Hand mit kleinem Finger und Daumen in die Hand der Puppe hineinschlüpfen können. Es ist nicht gut, wenn die Puppenhand während des Spiels immer wieder vom Finger rutscht.
Der Körperteil wird doppelt zugeschnitten. Soll die Puppe Hosen bekommen, so werden die Hosenbeine an die Vorderseite der Jacke genäht. Die vorher angenähten Füße = Schuhe müssen so gedreht werden, daß sie zum Zuschauer gewendet zu sehen sind.
Die Hände näht man immer mit dem Daumen nach oben an.
Mit Kragen, Krawatten, Rüschen usw. kann man den Halsansatz gut verdecken.

Der Strumpfkopf

Der Strumpfkopf ist einfach herzustellen und kann verschieden verwendet werden, sei es für eine Stabpuppe, sei es für eine, in die man zur Führung die Hand hineinsteckt.

Was braucht man dazu?

- einen hellen Damenstrumpf oder das abgeschnittene Bein einer Strumpfhose; es können auch zwei Kniestrümpfe verwendet werden
- Wolle oder Baumwolle
- Stickgarn
- Perlchen oder kleine Knöpfe für die Augen
- Material für die Kopfbedeckung

Und so gehen wir vor:

Der Strumpf wird zusammengerollt und mit dem Endteil so übergezogen, daß eine Art fester Kugel entsteht. Für den Hals ziehen wir den Rand des übergezogenen Teiles so, daß der Hals entsteht, den wir mit Garn abbinden.
Mit dem Zeigefinger der einen Hand bohren wir ein Halteloch in den Kopf, den wir dabei mit der anderen Hand gut festhalten.
Wir lassen den Zeigefinger nun stecken und formen zunächst mit der anderen Hand den Kopf.
Nun werden Mund, Nase, Augenumrandung und Augenbrauen gestickt. Für die Augen nähen wir die Perlchen oder Knöpfe ein.
Die Haare näht man zweckmäßig mit lockeren Schlingen ein und schneidet diese dann auf.
Die Kopfbedeckung wird nach Thema erstellt und ebenfalls angenäht.
Durch Drücken kann man das Gesicht formen. Dieser Kopf hat den Vorteil, daß er in verschiedenen Größen hergestellt werden kann und außerdem sehr leicht ist.

Das Krokodil

Das Krokodil ist beim Handpuppenspiel eine sehr wichtige Figur.
Leider wird es immer nur als böse dargestellt. Ich bin der Meinung, daß es im Spiel durchaus auch andere Rollen übernehmen kann, wie man bei der Wandlung des Krokodils im Spielstück „Die Zauberlaterne“ am Ende dieses Buches sehen kann.
Unser Krokodil auf Seite 22 kann seine Mimik sehr verändern und auch ausgesprochen lustig sein, weil sein Kopf nicht starr ist.

Was braucht man dazu?

- grünen Filz ca. 40 x 40 cm
- gelben Filz 30 x 20 cm
- roten Filz 40 x 10 cm
- weißen Filz 40 x 10 cm
- zwei schwarze Kugelknöpfe, Perlen o. ä.
- halbfeste Vlieseline 30 x 20 cm

Ich war einmal ein alter Strumpf und wurde in diese reizende Dame verwandelt.

Und so gehen wir vor:

Den grünen Filz legen wir doppelt und schneiden ihn einmal durch.

Dann werden an den Längsseiten 14 cm abgemessen und mit einer Stecknadel markiert.

Von hier aus schneiden wir leicht abgerundet das Maul zu.

Wer es aus freier Hand nicht kann, macht sich für das Maul eine Schablone!

Den gelben Filz legen wir so zusammen, daß ein Rechteck von 15 x 25 cm entsteht.

Dieses legen wir so unter den Kopf, daß die Bruchkante von einer Stecknadel zur anderen liegt.

Den grünen Filz stecken wir auf den gelben und schneiden ihn zu.

Ebenso wird die Vlieseline zugeschnitten. Vom roten Filz schneiden wir 10 cm ab, legen ihn doppelt und schneiden ihn beliebig als Zunge zu. Zwischen die Zungenteile geben wir ebenfalls Vlieseline.

Den nun 30 cm langen roten Filz legen wir der Länge nach doppelt zusammen und schneiden ihn gezackt ein.

Den weißen Filz legen wir ebenfalls der Länge nach doppelt zusammen, schneiden ihn gezackt ein und danach an der Bruchkante entlang auseinander.

Für die Nase werden aus gelben Resten zwei Teile 1/2 cm x 4 cm zugeschnitten. Aus weißen Resten, ca. 4 cm lang und oval gehalten, bestehen die Augen.

Jetzt wird genäht!

Zuerst kommen die Zungenteile an die Reihe. Dann schneidet man in den gelben Innenteil des Maules in die Mitte des Rachens einen entsprechend großes Schlitz, durch den man das breite Ende der Zunge zieht und diese annäht.

Auf das Maulinnenteil wird nun am Rand die Vlieseline aufgesteppt und zwar auf die Seite, auf der die Zunge *nicht* zu sehen ist.

Weil das Krokodil ganz aus weichem Filz hergestellt wurde, kann es herrliche Grimassen schneiden und sogar lachen! Und deshalb kann es auch ein ganz liebes Krokodil sein.

Der rote Zackenteil wird nun auf den Rücken des Krokodils aufgenäht (im Zick-Zack-Stich). Dabei beginnen wir am Ende des Rückens. Augen- und Nasenteile steckt man sich entsprechend beim Maul auf und näht sie fest. Für die Augen werden nun noch die entsprechenden Teile (Knopf oder Perle) *gut* festgenäht.

Jetzt muß man gut aufpassen, daß man die Teile richtig zusammensetzt.

Auf den grünen Kopfteil mit Augen und Nase wird von Stecknadel zu Stecknadel ein Zähneteil so angelegt, daß die Zacken nach innen sehen und die glatten Ränder aufeinanderliegen. Mit ein paar Heftstichen kann man die „Zähne“ befestigen.

Darauf wird nun die Innenseite des Maules so gelegt, daß der gelbe Teil bei den Zähnen und die Vlieseline außen zu sehen ist.

Nun steppt man von Stecknadel zu Stecknadel diese Hälfte des Maules ca. 1/2 cm vom Rand entfernt auf der Vlieselineseite zusammen. Dann verfährt man mit der Unterseite des Krokodils genauso.

Nun werden noch die beiden Längsseiten des Körpers zusammengesteppt.

Das Krokodil wird nach außen umgestülpt, die Zähne zupft man zurecht und das Spiel kann beginnen.

Na, kann unser Krokodil nicht schöne Grimassen schneiden?!

Stockpuppen aus gestalteten Kochlöffeln

Stockpuppen sind, vor allem für kleinere Kinder, einfacher zu spielen als Handpuppen, die sie auf die Hände ziehen müssen.

Oft leidet das Spiel darunter, daß das Kind mit der Handpuppe nicht klarkommt.

Stockpuppen müssen keine Hände haben. Näht man die Kleider weit genug, ist Platz, um außer dem Stock noch etwas anderes anzufassen.

Was braucht man dazu?

- Kochlöffel aus Holz
- Holzmasse für die Gestaltung der Gesichter
- Deckfarben
- Lack
- Materialien für Haare und Bekleidung

Und so gehen wir vor:

Wir kaufen die benötigten Kochlöffel *einer* Größe.

Wir notieren uns die Figuren, die wir anfertigen wollen.

Mit der nach Vorschrift angerührten Holzmasse gestalten wir auf der Kochlöffelfläche Nase, Wangen und Kinn so, daß der Typ der Figur sehr bis überbetont wird.

Die Holzmasse glätten wir mit etwas Wasser und lassen die Kochlöffel trocknen.

Mit feinem Sandpapier reiben wir vorsichtig Nase, Wangen und Kinn ab.

So entstehen wir Kochlöffelpuppen

Zauberer, Prinzessin und die alte Dame warten auf ihren Einsatz für das Spiel.

Legt man ein Handtuch über den Unterarm, kann Seppl auch einmal ohne Spielleiste auskommen und in das Spielgeschehen eingreifen.

Wollen wir noch etwas korrigieren, können wir mit einem Küchenmesser die Holzmasse abschnitzen und wiederum mit Sandpapier nachreiben.
Dann wird auf die Gesichter die Grundfarbe für die einzelnen Typen aufgetragen. Anschließend trocknen lassen und mit der Gestaltung von Mund und Augen beginnen.
Nach nochmaligem Trocknen wird das Typische auf das Gesicht gemalt und lackiert, damit sich die Farbe nicht vermischt.
Um den Kopf besser gestalten zu können, hat es sich bewährt, ein Stück Schaumgummi von ca. 6 x 4 x 3 cm Größe als Hinterkopf auf die Rückseite des Kochlöffels aufzukleben.
Nun werden die Haare gestaltet und angeklebt, ebenso die Kopfbedeckung.
Das Kleid bekommt zum Hals hin einen Durchzug, in den man ein festes Stück Band einzieht. Dieses Band wird am Löffelstiel sehr fest zusammengezogen und verknotet.
Achtung:
Ein kleines Problem ist es, das Kleid dauerhaft am Löffelstiel zu befestigen.
Lösung: Man benutzt vorschriftsmäßig Pattex zum Ankleben des Kleides am Stiel.
Kragen, Rüschen, Bänder usw. können den angeklebten Halsteil verschönern.
Für die männlichen Puppen werden die Hosenteile mit den Füßen daran an die Vorderseite der Jacke genäht.
Machen Sie die Jacke nicht zu kurz!

Die „schnelle Knotenpuppe“

Gerne würde man heute, an diesem regnerischen Wochenende, wieder einmal ein Handpuppentheater aufführen.
Aber wie soll man schnell zu den Puppen kommen?
Die vorhandenen genügen nicht oder passen keinesfalls in unser Spiel.
Da wird Abhilfe geschaffen und das Material für die schnelle Knotenpuppe zusammengesucht.

Was braucht man dazu?
- einen Stock ca. 35 cm lang
- eine Styroporkugel ∅ ca. 6 cm
  und wenn wir keine finden?
  Was man in einem solchen Fall tun kann, erkläre ich am Ende!
- einen oder mehrere Stoffreste
- Woll- oder Baumwollreste für die Haare
- einige Stecknadeln mit Glasköpfen
- Nadel und Faden
- Klebstoff

Und so gehen wir vor:
Zuerst wird die Kugel auf den Stock gesetzt und festgeklebt.
Dann werden die Stoffteile wie folgt zugeschnitten:
Teil für die Arme ca. 50 x 20 cm
Kleiderteil ca. 70 x 35 cm
Halsteil ca. 1,2 cm breit (hier tut auch ein Band seinen Dienst)
Kopfbedeckung ca. 40 x 12 cm
Das Garn für die Haare wird mindestens sechsmal ca. 25 cm lang gelegt. In der Mitte und an beiden Enden macht man Knoten und schneidet danach die Enden auf.
Nun bindet man das Armteil unterhalb der Kugel mit einem Knoten fest und klebt es an.
Dann werden an beiden Enden weitere Knoten geknüpft. Dabei läßt man etwas Stoff für die Hände hervorschauen.
Das Kleiderteil legen wir ungefähr 3 cm an der Längsseite um und reihen mit einem festen Faden durch den doppelt gelegten Stoff mit nicht zu weiten Stichen. Nadel herausziehen und die Enden des Fadens unterhalb der Arme fest verknoten. Dabei sollte man beachten, daß das Kleid hinten gut schließt.
Mit einigen Tupfern Klebstoff verbindet man Rock und Stock gleich unterhalb der Arme.

Hosen und Arme der „schnellen Knotenpuppe“

Und wenn man Hosen haben will?

Hier gibt es zwei Möglichkeiten.

Entweder schneidet man das Kleid für die Hosenbeine ein und knüpft die Füße oder man fertigt 2 Teile an, Oberteil und Hose, wie es auf dem Foto Seite 27 gezeigt wird.

Das Halsteil wird viermal zusammengelegt und oberhalb der Arme festgebunden.

Man kann es kurz schneiden oder lang lassen und aufschneiden.

Nun malen wir auf den Kopf andeutungsweise ein Gesicht.

Die Haare werden am Mittelknoten über der Stirn festgesteckt. Darüber legen wir das Kopftuch, stecken es zusammen mit den Haaren an drei Punkten fest, verknüpfen es hinten am Kopf und stecken es ebenfalls mit Stecknadeln an.

Jede andere Kopfbedeckung wird ebenfalls mit Nadeln festgesteckt. Dabei sind der Phantasie keine Grenzen gesetzt.

Haben wir keine Styroporkugel zur Hand, ergibt sich noch folgende Möglichkeit:

Aus einem alten Perlonstrumpf schneiden wir ein Stück heraus, knüpfen es vorerst einmal an einem Ende zu, stopfen es fest mit Watte aus, ziehen den Strumpfteil so um die Watte, daß er *fest* darüberliegt und eine ähnliche Größe, wie die Styroporkugel hat.

Nun wird das offene Ende fest zugebunden, der Stock hineingesteckt und angeklebt. Will man ein Gesicht haben, kann man mit Glaskopfstecknadeln die Augen andeuten. Den Mund und die Nasenlöcher muß man dann allerdings sticken.

Benutzt man aber einen fleischfarbenen Strumpf, so erübrigt sich zumeist ein Gesicht.

Bei einem bärtigen Mann werden bei der Styroporkugel die Barthaare zusätzlich mit Stecknadeln festgesteckt und bei dem „Strumpfkopf“ die Barthaare eingezogen.

Die „schnelle Knotenpuppe“: Auf dem Bild ist sie „ganz Dame“. Das liegt aber nur an ihrem Kleid. Knotet man die Arme aus weißem Stoff und zieht ihr ein Kleid aus kariertem oder buntem Stoff an, so kann aus ihr auch ein Mädchen vom Lande werden.

Fingerpuppen

Fingerpuppen üben wegen ihrer Kleinheit auf Erwachsene und Kinder gleichermaßen einen besonderen Reiz aus.
Sie haben gegenüber den anderen Handpuppen den Vorteil, daß man sie klein verpacken und überall mit hinnehmen kann.
Steckt ein Kind sich auf den Zeigefinger jeder Hand ein Püppchen, kann es ganz allein ein Spiel entwickeln.
Spielleiste kann der angewinkelte Arm, eine Stuhllehne oder auch nur die Hand sein. Mit Fingerpuppen können sich Kinder im Auto oder in der Bahn beschäftigen.
Ist das Kind krank, sind sie auch im Bett gut einsetzbar, da sie leicht sind und deshalb ein krankes Kind nicht anstrengen.

Eine selbstgemachte Fingerpuppe kann beim Kindergeburtstag den Platz jedes Kindes kennzeichnen und wird immer große Freude bereiten.
Dazu ein Tip: Fertigen Sie für jedes Kind eine andere Fingerpuppe an.
Wenn die kleinen Geburtstagsgäste kommen, so lassen Sie diese ein Los ziehen, auf das Sie vorher die jeweilige Puppe kurz skizziert haben. So gibt es eine bunte Platzreihe.
Nach dem gemeinsamen Kaffee können die Kinder dann mit ihren Puppen ein Spiel entwickeln.
Eine zweite Möglichkeit besteht darin, daß man Figuren aus einem Märchen anfertigt und dies dann gemeinsam aufführt.

Gleich geht das Spiel los, nur der Kasper fehlt noch!

Eine weitere Möglichkeit: Bereiten Sie Grundformen für Fingerpuppen vor und lassen Sie die Kinder nach dem Geburtstagskaffee die Fingerpuppen selbst nach eigenem Gutdünken fertig gestalten.
Legen Sie genügend Ausschmückungsmaterial bereit. Sie werden erstaunt sein, wie liebevoll und mit wieviel Phantasie die Kinder die Fingerpuppen gestalten.
Nach einer Erfrischungspause kann dann damit gespielt werden.
Dieser „Fingerpuppengeburtstag" wird gewiß ein voller Erfolg werden.

Fingerpuppen aus Filz

Diese Fingerpuppen eignen sich besonders dazu, sie unterwegs mitzunehmen, da sie nur ganz wenig Platz benötigen. Außerdem sind sie durch ihre Weichheit schon für kleinere Kinder gut spielbar. Dank ihrer Geschmeidigkeit wirken sie sehr lebendig.

Was braucht man dazu?

- Filzreste (am besten kauft man sie im Bastelgeschäft)
- Bastelkleber
- verschiedenes Verziermaterial wie Börtchen, Knöpfe, Wollfäden usw.

Und so gehen wir vor:
Zuerst macht man sich eine Schablone in der Form, wie das Foto zeigt.
Eine Länge von ungefähr 9 cm und eine Breite von etwa 4 1/2 cm hat sich in der Praxis bewährt.
Nach Bedarf können die Puppen auch größer sein, jedoch auch für kleinere Kinder *nicht* kleiner.
Für jede Puppe benötigt man zwei Teile, die man der Einfachheit halber auf der Maschine zusammennäht.

So werde ich hergestellt!

Hallo, ich bin auch noch da und habe eine Seifenschachtelbühne mitgebracht!

Die Steppnaht sollte mindestens 3 mm vom Rand entfernt sein und nicht bis an die Enden der Puppenform gehen. Wichtig ist es, die Enden gut zu vernähen, damit die Puppen beim Spiel nicht ausreißen. Je nach Puppe werden nun für Augen, Ohren, Mund und Haare die Materialien ausgeschnitten und mit Bastelkleber befestigt.
Auch hier hat sich Filz bewährt, da er nicht ausfranst.
Knöpfe werden angenäht. Selbstverständlich kann man auch Teile aufsticken.
Ein kleiner, zur Bühne umfunktionierter Karton kann zum Wegräumen der Puppen benutzt werden.

Fingerpuppen aus vorgefertigten Holz- oder Papierkegeln

Diese Fingerpuppen lassen sich auch sehr gut auf dem Tisch spielen, da sie stehen können.

Für kleinere Kinder sind Puppenkegel aus Papier besser zu spielen, als die aus Holz, da sie leichter sind (allerdings auch nicht so haltbar!).

Was braucht man dazu?

- Holz- oder Papierkegel (gibt es im Bastelgeschäft zu kaufen)
- Filzstifte
- Deckfarben
- Bastelkleber
- Filz-, Stoff-, Garn-, Woll-, Spitzen- und Börtchenreste, Knöpfe usw.

Und so gehen wir vor:

Zuerst wird das Gesicht gestaltet, dann sind zweckmäßigerweise gleich die Haare an der Reihe.
Nun geht es an die Bekleidung, die man durch Verzieren vorbereitet hat.
Zuletzt werden Hut, Mütze, Kopftuch oder Schleier angebracht.

Das Männlein

Das Weiblein

Eine schöne Familie

Wir beide spielen heute einmal hinter dem Pappkarton Theater.

Hier sind der Phantasie wieder keine Grenzen gesetzt, und die Ideen kommen beim Anziehen.
Diese Fingerpuppen sind genauso langlebig wie die Fingerpuppen aus Filz und sollten deshalb auch im „Bühnenkarton" aufbewahrt werden, damit sie nicht einstauben.
Übrigens: zweckentfremdet lassen sie sich sehr gut im Puppenhaus oder in der Puppenstube verwenden.

Fingerpuppen aus Papier

Diese Fingerpuppen können schon sehr gut von kleineren Kindern hergestellt werden.

Was braucht man dazu?

- festes Papier oder Tonpapierreste
- Filzstifte oder Buntstifte
- Reste von Kreppapier, Folien von Weihnachtssternen
- Seidenpapierreste

- Papierservietten können ebenfalls verbraucht werden
- Garn- und Fadenreste
- Bastelkleber
- Tesafilm
- einige Büroklammern
- Schere, Nadeln usw.
- Die Grundrolle besteht aus einem festen Papier von ca. 5,5 x 6,5 cm

Und so gehen wir vor:

Der Menschenkopf wird nach der Schablone ausgeschnitten.

Zuerst wird das Gesicht gezeichnet und dann mit einem entsprechenden Kopfschmuck versehen.

Dann befestigt man Rock, Mantel oder Umhang an der Körperrolle.

Als nächstes folgen die Arme.

Man faltet einen ca. 9 cm langen Streifen zusammen und verklebt ihn.

Dann legt man ihn von hinten bis in Halshöhe um den halben Körper.

Zuletzt wird der Kopf von innen angeklebt.

Zwei Freundinnen

Die Maus

Sie besteht aus dunklem Tonpapier. Zuerst wird die Grundrolle geklebt. Aus gleichem Papier schneidet man dann ein Rechteck von 5,5 x 6,5 cm zu, dreht es zur Tüte und klebt sie zu.
Die Tütenspitze schneidet man kürzer. Dann werden Ohren und Beine nach der Schablonenzeichnung zugeschnitten und an Kopf und Rücken der Mausteile geklebt.

Ohren und Beine für die Maus

Barthaare und Schwanz schneidet man beliebig aus Baumwollgarn zu.
Die Augen sind Tupfer aus Deckweiß. Die Barthaare werden mit einem kleinen Stückchen Tonpapier unter den Augen angeklebt und ein Tupfer Deckweiß am untersten Teil des Papierchens ist dann das Schnäuzchen.
Nun wird der Kopf so befestigt, daß die untere Spitze über die Körperrolle steht. Schwanz ankleben und unser Mäuschen ist fertig.

Das Vögelchen

Schneiden Sie zwei Rechtecke von 6,5 x 3,5 cm zurecht, sowie den Kopf des Vogels zweimal (siehe Schablone).

Kopfschablone für den Vogel

In den oberen Teil des Kopfes legt man beliebig geschnittene Weihnachtssternfolie und klebt den Kopf zusammen.
Die Schwanzfolie wird zurechtgeschnitten, ebenso Teile für die Flügel und weitere Verzierungen. Die beiden Körperteile legt man querliegend zusammen und klebt den Schwanz in die hintere obere Ecke.
Den Kopf legt man von der rechten oberen Ecke ca. 0,75 cm entfernt zwischen die Teile und klebt den Körper an drei Seiten, nach unten hin offen, zu.
Von unten vorne her wird der Körper in Richtung Kopf abgerundet, ebenso am hinteren unteren Teil.
Nun werden die Flügel und Augen angebracht. Die eingeschnittenen Folienteile biegt man beliebig zurecht und das Vöglein kann fliegen!
Den Körper nur so zukleben, daß man mit dem Finger hineinschlüpfen kann!

Die Raupe

Dieses Mal benötigen wir eine Körperrolle von 8 x 5,5 cm und eine Kopftüte von 4 x 7 cm.
Die Körperrolle wird zusammengeklebt und an den Enden mit Büroklammern festgehalten, da man die lange Rolle sonst schlecht zusammenhalten kann.
Die Zunge besteht aus einem Stoffrestchen.
Wir rollen die Kopftüte und kleben, bevor wir diese zusammenkleben, die Zunge in die Spitze.
Zwei Stückchen Papier bilden die Augen.
Aus grünem Kreppapier wird ein Rechteck von 20 x 13 cm so zugeschnitten, daß die Längsmaserung des Kreppapiers in Richtung Körperlänge zeigt.

Die Maus aus Tonpapier

Ein schöner Vogel

Einmal bin ich eine Raupe und wenn man mir den anderen Kopf einklebt bin ich das nächste Mal ein Krokodil.

Nun wird das Kreppapier um die Körperrolle gedrückt und nach ca. 1 cm mit Klebeband festgehalten.
Jeweils nach ca. 3 cm wird wieder zweimal Klebeband befestigt.
Der Schwanz wird am Ende ganz fest umwickelt, entweder mit Klebeband oder mit Garn. Der Schwanzteil wird leicht nach oben gedrückt und die anderen Teile zusammengeschoben und zwar so weit, daß die Körperrolle mit dem letzten Klebeband abschließt. Nun kann unterhalb des Schwanzes der Finger in die Rolle gesteckt werden. Zuletzt klebt man den Kopf in der Rolle fest.
Ein anderer Kopf:
Auf Tonpapier zeichnet man den Kopf nach der Schablone, faltet die spitzen Ecken aufeinander und drückt die breiten Ecken laut Zeichnung ein.
Eine Zunge klebt man innen fest und befestigt diesen Kopf innen an der Rolle.
Durch Augen und Zähne kann man ihn ausdrucksvoll gestalten.

Wäscheklammerpüppchen

Ganz richtig gelesen!
Stabil sind sie und klein sind sie, so recht geeignet, um einen Regennachmittag im Urlaub zu einem Theatertag zu machen.

Was braucht man dazu?

- Wäscheklammern aus Holz (oder Bastelklammern, die es ohne Metallfeder abgepackt im Bastelgeschäft gibt)
- Filzstifte
- Restchen von Wolle, Filz, Pelz usw.
- Bastelkleber

Und so gehen wir vor:
Von der Wäscheklammer wird die Feder entfernt.
Dann klebt man beide Teile zusammen und läßt sie etwas antrocknen.
Das Gesicht wird gemalt, Haare werden angeklebt. Man kann das Püppchen

dann noch anziehen – man muß aber nicht.
Ein Handtuch wird über die Stuhllehne gehängt und schon ist die Spielleiste für die Klammerpüppchen fertig.
Ein hochgestellter Karton tut's auch.

Papiertütenpuppen

Leute sammelt Tüten, denn man kann aus ihnen herrliche Handpuppen machen!
Tüten? Tüten: Obsttüten
Mehltüten
Zuckertüten
Brottüten
Tüten aus dem Kaufhaus
Tüten aus der Apotheke
Tüten, Tüten, Tüten.

Schon allein mit der Herstellung dieser Tütenpuppen kann man ganze Kinderscharen sehr vergnüglich beschäftigen.
Was entstehen da nicht alles für Gestalten?
Und diese Gestalten können ihre Hersteller auf der Spielleiste zum Leben erwecken.
Das ist ein gar köstlich Spiel!

Was braucht man dazu?

- Papiertüten aller Art
- Bastelkleber
- Buntpapierreste
- Stoffreste
- Woll- und Garnreste
- Filzstifte
- Farben
- alles, was an klebbarem Kleinkram vorhanden ist
- Gummiring zum Festhalten der Puppe an der Hand

Und so gehen wir vor:
Das ganze Material wird bereitgelegt und jeder Teilnehmer der Bastelrunde sucht sich eine Tüte aus. Diese stülpt er zuerst

Tüten, Tüten, Tüten!

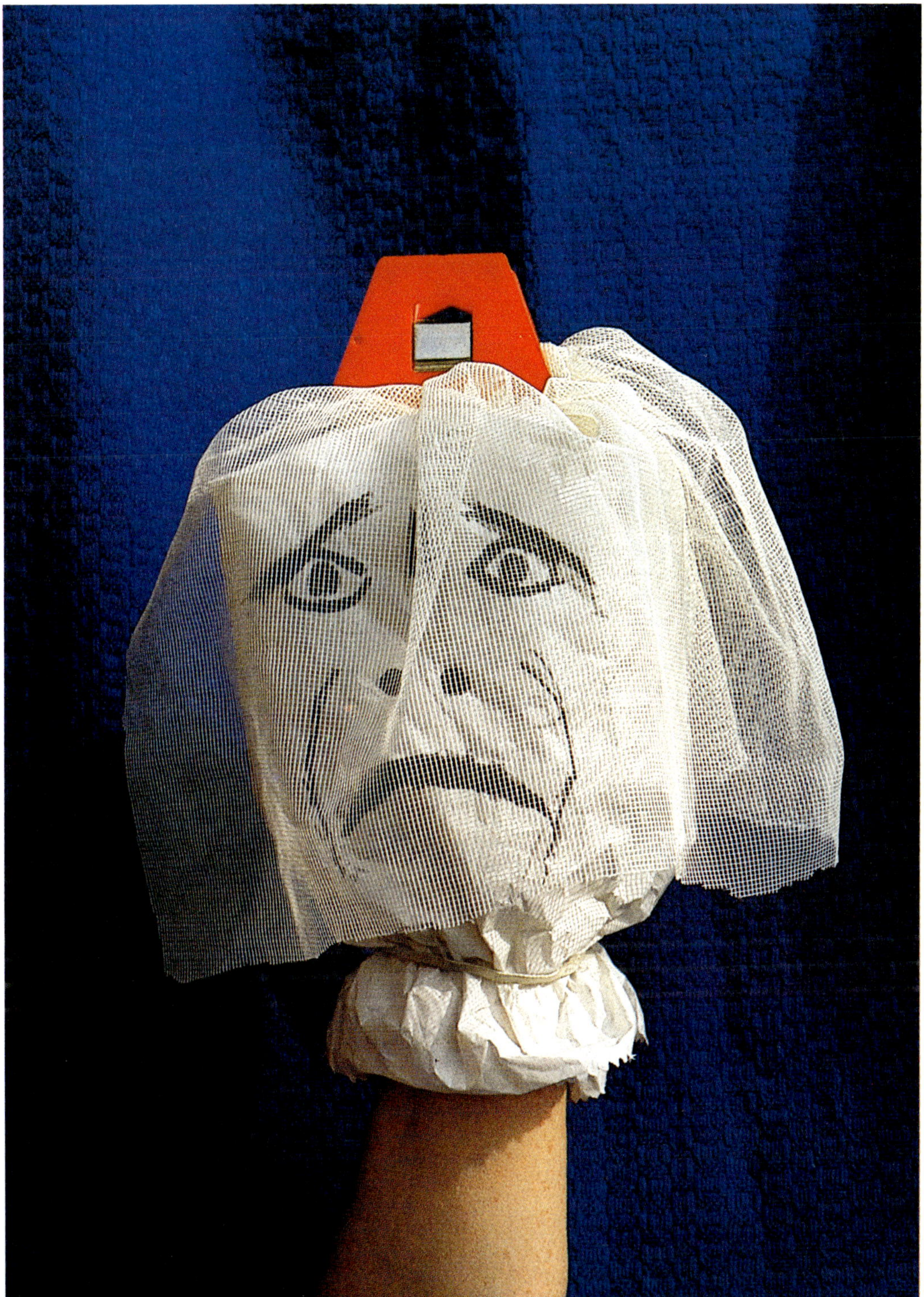

Oh, ich trauriges Gespenst!

Ich bin Plüsch, der Kater!

Hier seht Ihr den wilden Mann aus Asien.

einmal über die Hand, wendet sie hin und her und überlegt, in welcher Richtung seine Tüte zu gebrauchen sein wird.
Dann kann er beginnen.
Er sollte sich aber keine zu festen Vorstellungen machen, sondern einfach einmal anfangen und dann weitergestalten.
Die Praxis hat gezeigt, daß die schönsten Figuren aus der momentanen Gestaltung entstehen.
Bei dieser sehr kreativen Gestaltung sind oft schon ganz andere Ergebnisse erzielt worden, als die, die sich der Einzelne zunächst vorgenommen hat.
Für Sie, liebe Leser, kann ich diesmal den Arbeitsablauf nicht schildern.
Gestalten Sie einfach drauflos! Sind alle fertig, so bekommt jede Figur einen Namen und stellt sich auf der Spielleiste vor.
Dann kann das Spiel beginnen.
Damit Sie aber einen Anhaltspunkt haben, werde ich Ihnen den Gestaltungsablauf meiner vier Puppen schildern.

Das traurige Gespenst
Einer weißen Tüte habe ich mit breitem, schwarzem Filzstift ein trauriges Gesicht gegeben.
Dann habe ich einen Rest Vorhangstoff mit einer roten Papierklammer oben an der Tüte befestigt.
Beim Spiel kann das Gespenst seinen Schleier nach hinten schlagen.

Der Kater Plüsch
Da ist mir die Tüte mit dem grünen Kreis gerade rechtgekommen.
Ich habe sie oben eingedrückt und aus einem dunklen Filzrest zwei Ohren zurechtgeschnitten und von außen angeklebt. Die Teile für die Schnurrhaare lagen herum und wurden zusammen- und aufgeklebt.
Die Augen wurden zugeschnitten, aufgeklebt und schon war „Plüsch" fertig.

Der wilde Mann aus Asien
Als ich mir die Obsttüte über die Hand gestülpt hatte, kam sie mir so asiatisch vor.
Also frisch an's Werk!
Mit Bastelhölzchen wurde das Gesicht markiert und die hochgestellten Wangenknochen mit Wasserfarbe angedeutet.
Ein Rest Kreppapier, zugeschnitten und aufgeklebt, ergaben die Haare.
Ja, und das gewisse Etwas bekam der Herr dann durch die blaue Papierschleife.

Nero, unsere Hausechse
Es war einmal ein Briefumschlag, der wurde an seiner geschlossenen Kante eingedrückt und schon war das Echsenmaul entstanden. Augen, Zähne und rotes Maul habe ich eingemalt.
Aus grünen Papierstreifen arbeitete ich zwei „Hexentreppen", eine kleine und eine große. Dafür werden jeweils zwei lange Papierstreifen im rechten Winkel gegeneinandergeknickt, wie das Foto zeigt.
Die kleine Hexentreppe ist die Zunge und die große zieht sich über den Rücken.
Augenbrauen und Seitenteile habe ich ebenfalls aus den Papierstreifen zugeschnitten und festgeklebt.
Dann habe ich daraus auch die Zähne zusammengeschnitten und eingeklebt.
Weil „Nero" sein Maul bewegen kann, entwickelt er eine richtige Mimik.
Mir gefällt er!

Das ist Nero, der Gefräßige!

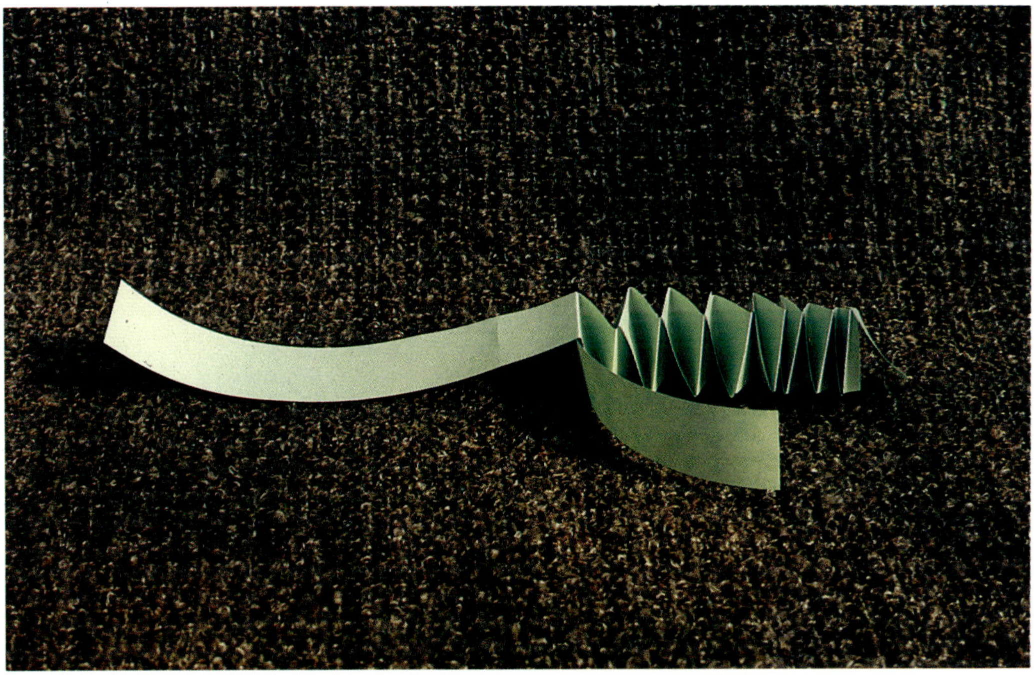

So wird die „Hexentreppe" für Nero gefaltet.

Das schnell vorbereitete Spiel aus der Küche

Da fällt uns ganz plötzlich ein:
„Wir wollen Puppentheater spielen."
„Aber wo sind unsere Handpuppen hingeräumt?"
Auf dem Speicher, im Keller, im Koffer oder ganz hinten im Schrank? Keine Ahnung!
Da hilft nur eins: *Improvisation.*
Gehen wir doch einmal in die Küche.
Da finden wir allerhand, was wir als Handpuppen umfunktionieren können:
Kochlöffel
Quirl
Kartoffelstampfer
Salatbesteck
Schaumlöffel
Omelettewender
Fleischgabel.
Mit einem Hut aus Papier, einer Schleife, einem Band, einer Filtertüte und einem Kleid von der Küchenrolle und aus Alufolie werden diese Gegenstände zweckentfremdet und ganz schnell als Spielpuppen umfunktioniert. Auch Wäscheklammern leisten gute Dienste.
Na, das wird lustig!
Auch das Küchensieb mit dem langen Griff und sogar der Gurkenhobel sind zu verwenden. Macht man dann in das lange Ende des Küchenhandtuches auch noch einen dicken Knoten, so ist das Phantasietier fertig und kann über die Spielleiste kriechen.
Die besteht aus zwei Stühlen, einem Besen und einer Decke.
Das Spiel beginnt!
Aber wer kommt denn da noch?
„Ah, guten Tag Herr Spazierstock, guten Tag Frau Regenschirm."
„So, Sie haben Ihr Haustier mitgebracht."
(Das Haustier ist ein Hut, dem man mit einem Band einen Schwanz verpaßt hat.

Spielmaterial aus der Küchenschublade

Na, sind wir nicht schöne Spielfiguren?

Das Fabeltier ist eine Holzzange für Gurken, die mit einem Band locker umschlungen wurde.

Es kann ganz schlimm knurren!)
„Guten Tag, Oma-Kehrschaufel und Opa-Kehrbesen! Schön, daß auch Sie uns besuchen!"
Und so kommt da ganz nach den Möglichkeiten des Haushaltes ausgerichtet und von der Phantasie der Teilnehmer abhängig, ein lustiges Puppentheater zusammen.
Und was ist mit dem Aufräumen?
Kein Problem!
Schnell ist nach dem Spiel alles wieder abgewaschen und aufgeräumt.

Puppen für die Hände

Das ist ein Spielspaß für jung und alt. Alle können sich bei der Anfertigung der Puppen beteiligen und der Phantasie sind keine Grenzen gesetzt.
Jeder bastelt sich zwei Puppen, für jede Hand eine.

Sie können zu einem Thema, wie zum Beispiel einer Geschichte, oder bei Jugendlichen einem Sketch, gestaltet werden, oder aber von jedem Teilnehmer frei erfunden werden, um damit ein Spiel zu entwickeln.

Schon unsere Kleinsten können diese Puppen anfertigen und damit umgehen.

Was braucht man dazu?

- festes Kartonpapier für den Körper
- Malstifte für das Gesicht
- Woll- und Baumwollreste
- Stoffreste
- Filzreste
- Seidenpapier
- Kreppapier
- Litze, Bändchen usw.
- Bastelkleber
- für jede Puppe einen Gummiring, um sie an der Hand zu befestigen

Puppen für die Hände

Und so gehen wir vor:
Zuerst pausen wir den Körper aus dem Buch ab. Dabei ist zu beachten, daß Kinder bis ca. 8 Jahre die kleinere Schablone nehmen.
Auf das Kartonpapier wird ein Blaupapier gelegt und darüber die Abpause. Mit Druck wird der Körperumriß nachgefahren.
Anschließend das Papier entfernen und den Körper ausschneiden. Jetzt wird das Gesicht gemalt und mit Haaren versehen.
Dann wird die Puppe nach Bedarf angezogen und bekommt eine Kopfbedeckung.

Wie spielen wir damit?
Zeige- und Mittelfinger unserer Hände sind die Beine und Füße.
Die Hand wird zur Faust geballt, Zeige- und Mittelfinger löst man dann wieder und streckt sie aus.
Die Puppe legt man auf den Handrücken und befestigt sie mit dem Gummiring an

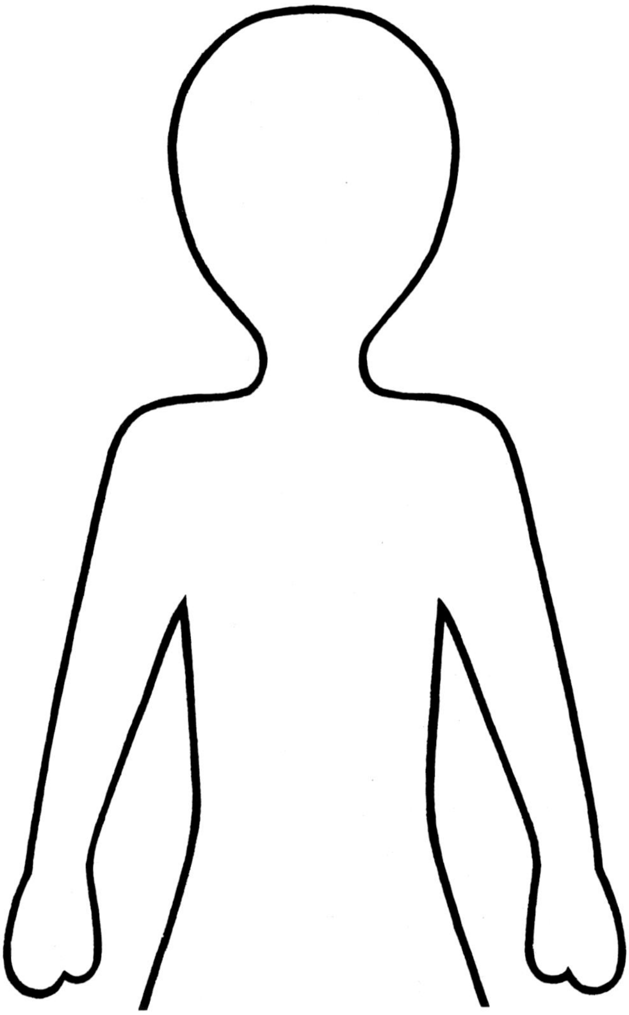

Der Puppenkörper wird durchgepaust und auf festes Papier oder Kartonpapier übertragen. Für die Hände kleinerer Kinder wird der Grundkörper vor Übertragung auf die Pause mit einem Bleistift innerhalb des Körpers entlang gleichmäßig verkleinert.

der Hand. Dies geht besser, wenn ein anderer hilft!
Dann hält man die Hand senkrecht und läßt die Puppe laufen.
Zusätzlich können die Finger = Beine auch noch angemalt werden oder Schuhe bekommen.
Jetzt ist die Puppe spielbereit.
Sie kann auf dem Tisch oder dem Fußboden in Aktion treten.
Alle Teilnehmer setzen sich um den Tisch herum oder auf den Fußboden und zwar so, daß sie mit den Armen in jede Richtung hin agieren können.
Eine weitere Möglichkeit des Spieles ist gegeben, wenn man zwei Stühle in Besenbreite auseinanderstellt, einen Besen darüberlegt und über diesen ein Tuch (oder eine Decke) breitet und zwar so, daß etwas höher, wie die Größe der Puppen, vom Boden her Platz ist.
Die Teilnehmer knien sich hinter das Tuch und lassen ihre Puppen auf dem Boden agieren. Diese Bühne kann man auch auf einem entsprechend großen Tisch installieren.
Benutzt man Licht, so muß dies von vorne kommen!
Stellen Sie doch einmal zwei Fußballmannschaften auf und lassen Sie diese auf oben beschriebener Bühne mit einem Styropor-Ball ein Fußballspiel austragen.
Das ist ein Spaß für die ganze Familie!

Spielaktion unterhalb der gespannten Tischdecke

Und wo spielen wir?

Die zusammenklappbare Bühne, kurz Kasperletheater genannt, benötigt mit einer Höhe von mindestens 1.60 m und Breite von 1 m in der Wohnung einen festen Platz.
Man kann sie aus Preßspanplatten oder starken Leisten, die mit festem Stoff bespannt werden, herstellen.
Lange Scharniere ermöglichen das Zusammenklappen.
Vor dem Bildausschnitt wird ein Vorhang mit Stange, damit man ihn zuziehen kann, befestigt.
Die oberen Enden der Seitenteile werden mit einer Scheibengardinenleiste festgestellt. Die Häkchen dazu befestigt man an den oberen Ecken.
An dieser Stange kann man Kulissen aufhängen oder ebenfalls einen Hintergrund durch Stoff schaffen, auf dem man wiederum Kulissenteile mit Nadeln befestigt.

Es geht auch einfacher:
Hinter einer Türfüllung werden zwei Stühle so aufgestellt, daß die Lehnen gegeneinanderstehen und mit der Tür abschließen.
Darüber legt man einen Besenstiel, den man mit einer Decke behängt, die mit Sicherheitsnadeln befestigt wird. Eine Schreibtischlampe wird im Zuschauerraum aufgestellt und zwischen den einzelnen Szenen von einem Helfer ausgeschaltet. Aus Pappe geschnittene Requisiten, wie Bäume, Steine usw., lassen sich ebenfalls von innen an der Decke befestigen.

Aus beliebig großem Karton kann man eine einfache Bühne herstellen. Beim Spiel muß sie aber so gestellt werden, daß das Bühnenteil (die Spielleiste) frei steht, damit man die Puppen gut führen kann.

Will man nun nicht immer ganz neu aufbauen, befestigt man mit Reißzwecken an einem Besenstiel in der gewünschten Länge und Breite einen nicht mehr gebrauchten, einfarbigen Vorhang. So kann man diese Spielleiste nach dem Gebrauch zusammenrollen und wegstellen. Eine einfache Sache!

Der Vorteil dieser Spielleiste ist, daß man sie verschieden hoch benutzen, aber auch so kurz rollen kann, daß zwischen einer Tischplatte und dem unteren Ende des Vorhangs genügend Platz für das Fingertheater ist.

Für die Fingerpuppen können sich die Kinder selbst *kleine Bühnen aus Pappkartons* verschiedener Größen herstellen.

Ein angewinkelter Arm, über den ein Tuch gelegt wurde, ist ebenfalls eine reizvolle Spielleiste.

Handpuppen kann man selbstverständlich auch *offen führen.*

Man geht beim Spielen dabei aufeinander zu oder weg und agiert, ähnlich dem Stegreifspiel.

Will man mit Kindern eine Aufführung mit offener Führung veranstalten, hat es sich bewährt, aus alten Bettüchern einfache Kimonokittel zu nähen, da vor dem weißen Hintergrund die Puppen besonders gut zur Geltung kommen.

Kindern macht diese Art des Handpuppenspiels besonderen Spaß!

Zusammenklappbare Bühne.
Höhe zwischen 1.60 und 1.90 m.
Breite (Vorderansicht) zwischen 80 und 90 cm.
Verbindet man die rückwärtigen, oberen Ecken der Seitenteile mit einer abnehmbaren Leiste, bekommt die Bühne Stabilität. An der Leiste können Hintergrund und Requisiten angebracht werden.

Und was spielen wir?

Man kann wirklich alles spielen:
Kasperletheater
Märchen
Sketche
Alltagsgeschehnisse
Phantasieereignisse
Tierszenen.

Und man kann die Puppe, die man soeben hergestellt hat, zum Leben erwecken.

Diese Art von Improvisationsspielen aufgrund eines momentanen Einfalles oder einfach abgestimmt auf die Puppe, habe ich im Rahmen der Puppenherstellung bereits angesprochen. Bleiben also noch die anderen, oben angeführten übrig.

Alltagsgeschehnisse, Phantasieereignisse, Sketche und Tierszenen haben meist einen bekannten und feststehenden Ablauf. Diesen teilt man sich in einzelne Szenen ein, deren Grundstruktur besprochen wird. Jeder Mitspieler kennt nun seine Aufgabe. Für eine Aufführung kann nun vorgeübt oder auch aus dem Stegreif gespielt werden. Es kommt immer darauf an, welchen Zweck so ein Spiel verfolgt.

Spielen Eltern oder Kinder anläßlich eines Geburtstages für die Gäste, so sollte das Spiel vorbereitet sein. Werden anläßlich einer Zusammenkunft (wie zum Beispiel Kindergeburtstag) die Puppen an diesem Tage erst hergestellt, genügt meistens eine Szenenbesprechung, wenn nicht improvisiertes Spiel auf die Puppen hin vorgesehen ist.

Märchen wird man gemeinsam vorbesprechen und in Szenen einteilen.

Alle Teilnehmer müssen das Märchen kennen!

Kasperlespiele können in Szenen gespielt werden, deren Verlauf festgelegt wurde. Dabei sprechen die Teilnehmer frei. Oder man nimmt ein Spiel, dessen Handlung und Sprache festgelegt ist.

Dabei ergeben sich oft Schwierigkeiten, da die Spieler den Text auswendig können müssen. Doch wofür haben wir die moderne Technik? Das Spiel kann von den einzelnen Mitspielern auf Tonband gesprochen werden. Dann brauchen sie später bei der Aufführung nur noch die Puppen zu bewegen.

Wichtig:

Jeder Spieler muß auf Band für die Puppe sprechen, die er bei der Aufführung führt!

Nur so kann der Spieler Sprache und Puppenführung zufriedenstellend koordinieren.

Durch die Bandaufnahme lernt er den Text und den Ablauf des Spieles gut kennen und kann entsprechend agieren.

Spielvorschläge

Der Teufel und der Hahn

Personen: Kasper — *Bürgermeister*
Teufel — *Hahn*
viel Volk

1. Bild
Kasper steht am Fluß am Rande der Stadt. Man hört Handwerker arbeiten.
Kasper geht auf und ab und überlegt, wie er zum Termin die Brücke, deren Baumeister er ist, fertig haben könnte.
Der Teufel kommt und fragt nach seinem Kummer. Er will ihm helfen, wenn er verspricht, daß er den ersten, der über die Brücke geht, mit in die Hölle nehmen kann. In seiner Not verspricht Kasper das, hat aber ein schlechtes Gewissen dabei, denn der Bürgermeister wird das Band durchschneiden und als erster auf die Brücke gehen und „wenn den der Teufel holte!"
Da fällt ihm ein, daß er im Hühnerhof einen Hahn hat, der sehr lebendig ist. Den will er unter die Jacke stecken und dann, wenn der Bürgermeister das Band durchgeschnitten hat, loslassen.
Der Hahn wird dann erster auf der Brücke sein.

2. Bild
Rechtzeitig ist nun die Brücke fertig und viele Leute sind da. Der Bürgermeister ruft nach Kasper, daß er mit ihm auf die Brücke gehe. Kasper kommt mit dem Hahn unter der Jacke.
Er sieht mitten an der Brücke den Teufel hervorlugen.
Musik spielt, Leute rufen „Hurra" und der Bürgermeister durchschneidet das Band. In dem Moment springt der Teufel auf die Brücke. Kasper läßt den Hahn los, der erster an der Brücke ist. Er flattert auf den Teufel zu, springt ihn an, wedelt mit seinen Flügeln dem Teufel in das Gesicht und hackt nach ihm.
Wild wehrt sich der Teufel und zieht sich dann zurück. „Den Hahn will ich nicht haben!" ruft er und verschwindet. Der Hahn stolziert über die Brücke. Kasper, Bürgermeister und Volk hinterher.
Der Teufel ruft „Noch einmal hältst du mich nicht zum Narren!"
Alle lachen.

Das Geburtstagsfest

Personen: Prinzessin — *der König*
Kasper — *Gretl*
Seppl — *Polizist*
Die Räuber Flitz und Flotz

1. Bild
Die Prinzessin will zu ihrem Geburtstag ein großes Fest für die Kinder der Stadt geben. Sie berät mit dem König, der ihr dafür einen Beutel mit Geld gibt. Sie bestellt die Gretl zu sich, die für sie mit Hilfe von Kasper einkaufen will.

2. Bild
Gretl erklärt Kasper ihr Anliegen. Er will den Seppl zum Einkaufen mitnehmen. Gretl ist skeptisch, ob das gut geht. Kasper holt Seppl und bespricht mit ihm den Einkauf und schickt ihn nebst Geld durch den Wald in die andere Stadt, weil es da billiger ist. Er will dann nachkommen.

3. Bild
Die Räuber Flitz und Flotz liegen im Wald neben der Straße und beklagen sich, daß es fast nichts mehr zu rauben gibt. Kein Mensch hat mehr Bargeld – alle bezahlen mit Scheck.
Da hören sie Seppl kommen, der singt: „Ich kauf' für die Prinzessin ein." Sie werden hellhörig und fragen einander, ob der wohl Geld oder auch einen Scheck hat.
Seppl kommt. Die Räuber gehen auf ihn zu und fragen ihn aus. Arglos zeigt er ihnen sein Beutel mit Geld. Da stürzen sie auf ihn zu, überwältigen ihn und schleppen ihn in den Wald in ihre Höhle.
Kasper kommt eilends auch den Weg entlang und wundert sich, daß er Seppl nicht mehr sieht, denn er hat ihn singen gehört. Da überfällt ihn die Angst, daß Seppl von den Räubern Flitz und Flotz gefangen genommen worden sein könnte. Er rennt los. Nach einer Weile sieht man ihn wieder zurückkommen. Er hat Seppl in der anderen Stadt im Supermarkt nicht gefunden.
Plötzlich sieht er Spuren des Kampfes. Er versucht, die Spur zu verfolgen und geht in den Wald hinein.

4. Bild
Seppl liegt gefangen in der Räuberhöhle und die Räuber freuen sich über das Geld, trinken Rum und gröhlen.
Kasper sieht zum Fenster hinein und verschwindet wieder.
Seppl fürchtet sich, aber die Räuber trösten ihn, denn sie werden morgen mit dem Geld verschwinden und ihn freilassen.
Beruhigt schläft Seppl trotz des Gröhlens der Räuber ein.
Die Räuber werden vom Alkohol müde und liegen laut schnarchend auf dem Boden. Da kommt Kasper mit dem Schutzmann und sie überwältigen die Räuber. Dann lassen sie Seppl frei und holen das Geld aus dem Schrank.
Nun wachen die Räuber auf und wundern sich über ihre Gefangennahme. Sie bitten und betteln, sie freizulassen.
Da hat Kasper eine Idee. Gefangen sollen sie mitgehen, zusammen mit ihm, Seppl und dem Schutzmann im Supermarkt einkaufen und alles tragen für das Fest. Dann will Kasper beim König um ihre Freilassung bitten, wenn sie sich dazu entschließen, als Gehilfen im Schloß zu bleiben und von nun an ein ordentliches Leben zu führen. Das wollen die Räuber gerne.
Nun ziehen sie los zum Supermarkt.

5. Bild
Im Schloß warten die Prinzessin und Gretl schon auf den Einkauf und können sich wegen des langen Ausbleibens von Kasper und Seppl keinen Reim machen. Da kommt die Karawane. Kasper voraus, dann die Räuber und der Polizist und schließlich der Seppl. Alle sind vollbeladen. Verwunderung bei der Prinzessin und Gretl. Kasper erzählt alles. Die Prinzessin holt den König mit der Bitte um Gnade für die Räuber. Der König begnadigt sie und so können die Vorbereitungen für das Fest beginnen. Dabei

stellt sich heraus, daß Flitz wundervolle Kuchen backen kann und Flotz prima Spiele für die Kinder weiß.
Alle sind zufrieden „und morgen soll das Fest sein."

Die Zauberlaterne

Personen:	*Kasper*	*König*	*Krokodil*
	Gretl	*alte Frau*	*Prinzessin*
	Polizist	*Fee*	*Zauberer*
	Prinz		

Kasper und Gretl vor dem Haus auf der Straße.

Kasper: Ja, Gretl, das ist eine dumme Sache! Ich weiß wirklich nicht, woher ich Geld bekommen soll für unseren Haushalt.

Gretl: Ich brauche aber Brot und Eier und Sauerkraut und Wurst und Essig und ...

Kasper: und und und. Ich kann auch nicht helfen!
Aber ich will mal in die Stadt gehen und schaun, ob ich nicht doch etwas zu tun bekomme! Tschüß Gretl, ich gehe jetzt!

Gretl geht ins Haus hinein und Kasper wandert die Straße entlang. Plötzlich bleibt er stehen. Er sieht den Polizisten mit der großen Glocke in der Hand kommen. Der Polizist läutet.

Polizist: Hört Ihr Leute und laßt Euch sagen, der König hat mir aufgetragen, daß ich jemanden finden soll, der ihm hilft!
Der Zauberer Witzliputzli hat gestern Nacht seine Tochter geraubt und ihn wissen lassen, daß er die Prinzessin mitgenommen hat auf den Zauberberg um sie dort zu heiraten.

Kasper geht auf den Polizisten zu.

Kasper: Ja, wie kann man denn da dem König helfen – oder wie soll man ihm da helfen?

Polizist: Ja, Kasper, das ist eine schwere Sache – aber man kann dabei einen ganzen Beutel voll Geld verdienen!

Kasper. Ah, das wär' doch was für mich! (zu sich selbst) Da könnte ich der Gretl für eine ganze Weile ihr Haushaltsgeld geben und sie könnte mir meine Lieblingsspeisen kochen! Was meint Ihr, Kinder, soll ich versuchen, dem König zu helfen?
Nun Herr Polizist, was müßte man denn machen, um dem König zu helfen?

Polizist: Das weiß ich auch nicht, Kasper. Ich soll nur denjenigen, der helfen will, zum König bringen!

Kasper: Na, dann bringen Sie mich mal hin!

Polizist: Dann komm!

Beide ab. Im Thronsaal. Der König sitzt traurig auf seinem Thronsessel. Der Polizist kommt mit Kasper, macht eine tiefe Verbeugung und spricht:

Polizist: Hochverehrter Herr König, wie Sie mir aufgetragen haben, habe ich nach einem Menschen gesucht, der bereit ist, Ihnen in Angelegenheiten Prinzessin zu helfen! Hier ist der Kasper!

König: Was, Du, Kasper? Das ist aber eine Freude! Ich weiß, daß Du schon vielen Leuten geholfen hast und so wirst Du auch mir helfen! Was meint Ihr, Kinder?
Du bekommst auch einen großen Beutel voll Geld!

Kasper: Ja, das ist alles recht und schön Herr König – aber wie kann ich denn helfen oder besser gesagt, was muß ich tun, um die Prinzessin wieder zu Ihnen in's Schloß zurückzubringen?

König: Das will ich Dir gleich sagen. Aber Herr Polizist, Sie müssen leider den Saal verlassen, denn im Brief vom Zauberer Witzliputzli steht, daß niemand erfahren darf, wo er die Prinzessin heiraten wird. Wenn er dahinter kommt, daß außer mir noch irgendwer erfahren hat, wo die Prinzessin sich aufhält, dann wird er sie in einen Stein verwandeln.

Der Schutzmann geht unter Verbeugungen ab.

König: So, Kasper, jetzt will ich Dir einmal den Brief des Zauberers zeigen!

Der König gibt Kasper den Brief, der liest unter Gemurmel und wird immer ungehaltener und schüttelt den Kopf.

Kasper: Nein, sowas. Das ist mir aber ein Brief! Armer Herr König. Kinder, soll ich Euch den Brief einmal vorlesen?
Also, paßt auf! Herr König, ich, der erhabene große und mächtige Zauberer Witzliputzli tue dem kleinen und nicht mächtigen König kund, daß ich seine Tochter auf den Zauberberg inmitten des Krokodilsees mitgenommen habe und sie dort in mein Höhlenschloß einschloß. Dort wird sie so lange bleiben, bis sie einwilligt, mich zu heiraten. Tut sie das bis in einem Monat nicht, so werde ich sie als Katze verzaubern und so auch immer um mich haben. Du aber kleiner König kannst da gar nichts machen, denn Du wirst niemanden finden, der die Prinzessin von hier wegbringen kann. Es kommt niemand auf den Berg, weil das große Krokodil im See den Berg bewacht und jeden frißt, der an den See herankommt. Sollte ich außerdem merken, daß Du irgendjemandem vom Verbleib der Prinzessin erzählt hast, so werde ich sie in einen Edelstein verwandeln und als solchen auf meinen Schreibtisch legen! Mit Zaubergruß, der großmächtige Zauberer Witzliputzli! Na, was Kinder, das ist ein Brief!
Ja, Herr König, was kann man da machen?

König: Ja, Kasper, genau weiß ich das auch nicht. Aber ich habe mir gedacht, wenn jemand den Zaubersee suchen würde. Vielleicht gäbe es doch die Möglichkeit, die Prinzessin aus den Klauen des Zauberers zu befreien. Meine königliche Großmutter hat mir als Kind einmal erzählt, daß hinter dem großen Wald, der nach meinem Park beginnt, ein Zaubersee mit einem großen Berg in der Mitte läge. Davon haben die Leute früher berichtet und immer ganz geheimnisvoll dabei gesprochen. Vielleicht ist das der See, den der Zauberer meint!

Kasper: Ja, da gibt es nichts, wie hin! Was, Kinder?

König: Ich werde Dich nun noch für den langen Marsch einkleiden lassen und Dir ausreichend Proviant und auch ein starkes Messer mitgeben!
He, Diener (ein Diener kommt), bleibe hier und warte auf meine Anweisungen. Kasper, gehe Du in den Eßsaal, da wirst Du alles bekommen!

Gehab Dich wohl und viel Glück! Bring' mir die Prinzessin wieder!

Kasper: Auf Wiedersehen, Herr König!

Kasper geht.

Im Wald.

Kasper: Na, nun bin ich schon so lange gelaufen, immer nur Wald und Wald, kein Weg und kein Steg. Ah, da ist ja ein Baumstamm. Da will ich mich doch einmal hinsetzen und nachdenken.

Er sitzt, hat den Kopf in die Hand gestützt und bemerkt die alte Frau nicht, die von hinten, bepackt mit einem Bündel Holz, auf ihn zukommt.

Nun hört er ihre Schritte und schrickt auf!

Kasper: Habt Ihr mich aber erschreckt, Mütterchen! Wo kommt denn Ihr her und wo wollt Ihr hin? Was schleppt Ihr denn da?

alte Frau: Du hast viele Fragen auf einmal! Was ich da schleppe, ist Holz für meinen Ofen und damit will ich nach Hause, aber bis dahin ist es noch weit.

Sie seufzt und läßt das Bündel zu Boden fallen.

Kasper: Wißt Ihr was, ich begleite Euch, denn für mich ist es egal, wie ich durch diesen Riesenwald gehe. Er hört ja doch nie auf. Kommt, ich helfe Euch und trage das Holz.

Als er das Holz aufnimmt, gibt es Sturmgeräusch und lauten Lärm. Es wird dunkel und als es wieder hell ist, steht vor Kasper eine Fee und er hat das Holz nicht mehr in Händen, sondern eine Laterne. Kasper schüttelt sich, schaut um sich, dann die Laterne in der Hand und danach die Fee an.

Kasper: Na, was war das denn jetzt! Kinder, könnt Ihr mir das erklären?

Fee: Nein, Kasper, die Kinder können es Dir auch nicht erklären. Aber ich will es Dir sagen. Ich bin die Fee Paribanu und der gute Schutzgeist des Reiches in dem Du lebst und das von Deinem König regiert wird. Ich habe erlebt, wie der Zauberer Witzliputzli die Prinzessin geholt hat und habe unbemerkt dem König eingegeben, daß er seinen Polizisten ausschicken soll, um einen Menschen zu suchen, der dem König hilft. Ja, und das warst Du. Ich habe Dich auch in diesem Wald vor allem Bösen beschützt und Deine Wege in Richtung Krokodilsee und Zauberberg gelenkt. Bevor ich Dir hier bei diesem Baum an der Grenze meines Reiches aber sichtbare Hilfe geben wollte, mußte ich noch wissen, ob Du auch wirklich hilfsbereit bist und drum war ich die alte Frau. Du hast diese Probe bestens bestanden. Nun Kinder, meint Ihr nicht auch, daß dem, der alten Menschen hilft, auch geholfen werden sollte? Siehst Du, Kasper, die Kinder meinen das auch.

Nun höre gut zu! Du hast eine Zauberlaterne in der Hand. In dieser Laterne sind 3 Wünsche für Dich bereit. Du kannst Dir etwas wünschen! Aber überlege gut, was Du Dir wünschst! Du mußt die Laterne vor Dich hinstellen und folgenden Spruch sagen:

Liebe Laterne
ich hab' Dich so gerne
ich stell' Dich in die Mitte
erfüll' meine Bitte!

Nun, wirst Du Dir den Spruch merken können? Ich denke, wenn Du ihn zusammen mit den Kindern einmal probierst, dann wird es gehen. Kommt Kinder, helft dem Kasper seinen Spruch sagen!

mit Kindern: Liebe ...

So, das geht nun schon gut. Also noch einmal, überlege gut, was Du Dir wünschst. Wenn Du nun an diesem Baumstamm entlang immer geradeaus weitergehst, bist Du in 5 Minuten am See.

Leise singende Geräusche und die Fee verschwindet.

Kasper: Uff, uff, das war was. Sowas habe ich auch noch nicht erlebt! Frau Fee Paribanu, wo seid Ihr? --- Verschwunden!!!
Was hat sie gesagt – wie soll ich gehen? Kinder, wißt Ihr es noch? Ah ja, richtig! Also dann los!

Kasper geht ab. Am See. Das Krokodil schaut mit dem Kopf aus dem Wasser u. gähnt.

Krokodil: Langweilig, kein Mensch kommt, dabei hat der Zauberer Witzliputzli gesagt, ich soll besonders aufpassen. Er hat, als er die Prinzessin holte, die Fee Paribanu getroffen und nun meint er, daß sie ihm einen Streich spielen will! (gähnt wieder) Die Sonne scheint so schön auf mich nieder, da will ich ein bißchen schlafen!

Kasper erscheint, sieht das Krokodil und prallt zurück. Er versteckt sich hinter einem Baum. Das Krokodil wacht auf und schaut um sich.

Krokodil: Da habe ich doch gemeint, daß ich etwas rascheln hörte, muß mich wohl getäuscht haben! (Pause) Da, eben habe ich doch etwas gehört. Na, ich will meine Zähne wetzen, damit ich gleich angriffsbereit sein kann.

Kasper kommt ganz vorsichtig hinter dem Baum hervor und winkt den Kindern, leise zu sein, dann flüstert er:

Kasper: Habt Ihr gehört, Kinder? Na, ich will mit der Zauberlaterne aus dem bösen Krokodil ein ganz liebes machen! Kommt und helft mir ganz leise den Zauberspruch zu flüstern:
Liebe Laterne, ich hab' Dich so gerne, ich stell' Dich in die Mitte, erfüll' meine Bitte!
Mach Du aus dem bösen Krokodil ein ganz liebes und eines, was mir hilft!

Krokodil schüttelt sich und gähnt ganz laut!

Krokodil: Nanu, was ist mir so komisch, als ob es ganz warm in mir wird! Wie schön die Sonne scheint! (dreht sich zu Kasper, der furchtlos auf das Krokodil zukommt) Nanu, wer bist Du denn? Warum kommst Du hierher? Kann ich Dir helfen?

Kasper: (zu den Kindern) Seht Ihr, die Laterne hat geholfen!
Liebes Krokodil!

Krokodil: Ohh, so hat mich noch keiner genannt! (windet sich und versucht ein freundliches Gehabe) Nun, was willst Du?

Kasper: Du mußt mich nicht unterbrechen – aber das macht nichts! Was ich will, oh das ist schwierig. Ich will auf die Spitze des Berges, der in Deinem See steht und dort will ich zur Prinzessin, die der große Zauberer Witzliputzli meinem König geraubt hat und die will ich dann wieder nach Hause zum König bringen!

Krokodil: Na, da hast Du Dir ja allerhand vorgenommen.
Aber bitte, nun mal nacheinander, damit Du auch alles schaffen kannst. Zuerst willst Du auf den Berg. Da mußt Du durch den See und das kannst Du nicht allein – also mußt Du auf meinem Rücken durch

den See schwimmen. Dann willst Du auf den Berg. Das kannst Du auch nicht allein, denn der Berg ist ganz glatt. Also, mußt Du Dich an meinem Hals festhalten und ich muß Dich hinaufbringen.
Dann willst Du zum Zauberer. Da kann ich Dir leider nicht helfen – aber einen guten Rat kann ich Dir geben.
Also, wenn ich Dich oben auf der Bergspitze abgesetzt habe, muß ich schnell wieder den Berg hinunterrutschen, damit mich der Zauberer nicht erwischt. Du aber rennst zu der Höhle und versteckst Dich hinter dem großen Stein, der links davor steht. Da kommt die Prinzessin vorbei, wenn sie spazieren geht, und da kannst Du mit ihr sprechen.
Aber sei vorsichtig, denn wenn Dich der Zauberer erwischt, dann verwandelt er Dich in einen Stein und wirft Dich in den See. Da liegen schon viele Steine, die einmal Leute waren, die mit dem Zauberer ein Hühnchen zu rupfen hatten.
So, und nun komm, denn die Zeit ist günstig, wenn die Sonne noch nicht untergegangen ist, dann fliegt der Zauberer immer über die Lande um nach Menschen Ausschau zu halten, die er für seine Dienste mißbrauchen kann.

Kasper: Ich finde es einfach gut, Krokodil, daß Du mir so helfen willst. Vielleicht kann ich Dir auch mal einen Dienst erweisen!

Krokodil: Das weiß man nie! Aber nun komm, und vergiß diese schöne Laterne nicht!

Kasper setzt sich auf den Rücken des Krokodils und nun schwimmen sie zum Berg. Man hört nur noch beide sprechen:

Krokodil: Halt Dich ganz fest, damit Du nun nicht wegrutschst von meinem Rücken!

Kasper: Oje, was ist dieser Berg doch steil und glatt!!! Daß Du Dich da festhalten kannst!

Krokodil: Das kommt, weil ich so spitze Krallen habe, die dringen in den Berg ein. Aber auch ich muß mich schon sehr anstrengen!

Stöhnen und Schnauben des Krokodils.
Bergspitze, Höhle, Stein links davor. Das Krokodil erscheint mit Kasper auf dem Rücken.

Krokodil: So, da sind wir? Nun kann ich Dir leider nicht mehr weiterhelfen. Paß nur gut auf, daß Dich der Zauberer Witzliputzli nicht sieht! Ich wünsche Dir guten Erfolg! (zu den Kindern gewendet) Paßt mit dem Kasper auf, Kinder!

Kasper: Vielen Dank Krokodil, und vielleicht sehen wir uns wieder!

Man hört Schleifgeräusche.

Kasper: (schaut rückwärts nach unten) Ja, nun ist es verschwunden. Noch steht die Sonne hoch am Himmel. Ich will mich hinter den Felsen verstecken. Vielleicht geht die Prinzessin spazieren!

Prinzessin erscheint sehr traurig und spricht mit sich selbst!

Prinzessin: Nun bin ich schon 3 Tage in der Gewalt des bösen Zauberers und glaube kaum, daß mir jemand helfen kann! Ich will nicht die Frau dieses abscheulichen Menschen werden! (sie weint)

Kasper kommt vorsichtig hinter dem Felsen hervor, räuspert sich und nähert sich der Prinzessin. Die erschrickt und dreht sich um.

Kasper: Guten Tag, Prinzessin!

Prinzessin: Ach, Du bist's, der Kasper! Wie kommst denn Du hierher?

Kasper: Liebe Prinzessin, das ist eine lange Geschichte, die ich Dir später erzählen werde. Aber ich bin gekommen, um Dich von hier wegzuholen! Nur, wir dürfen nun keine Zeit mehr verlieren. Schau, ich habe hier eine Zauberlaterne, die wird uns helfen.

Prinzessin: Aber was kann ich dabei tun? Wenn der Zauberer Dich sieht, wird er Dich in einen Stein verwandeln.

Kasper: Seid ganz ruhig, Prinzessin. Er wird mich nicht sehen.
Ich werde mich ganz dünn machen und hinter dem Fels verstecken. Du wirst den Zauberer freundlich empfangen und ihm erklären, daß Du Dich besonnen hast und seine Frau werden willst. Bitte ihn, Dir das Hochzeitskleid zu holen und all den Schmuck, den er Dir schenken will. Wenn er sagt, daß Du mit in die Höhle gehen sollst, dann sage ihm, daß Du Kleid und Schmuck hier in der sinkenden Abendsonne anschauen willst, damit Du in seinem Höhlenschloß weißt, wie die Dinge beim Tageslicht aussehen. Sage ihm, daß dies Deine Bedingungen zur Einwilligung zur Hochzeit seien.
Wenn er dann hineingegangen ist in die Höhle, werde ich mit Hilfe meiner Zauberlaterne den Fels vor den Höhleneingang rücken und so muß der Zauberer immer in seinem Höhlenschloß bleiben und kann dort seine Untertanenzauberer regieren und auf unserer Welt keinen Schaden mehr anrichten! Na, wirst Du so handeln können und so gut, daß der Zauberer nichts merkt?

Prinzessin: Ich werde mich bemühen! Aber wie kommen wir dann von hier weg?

Kasper: Wir werden hier wieder mit Hilfe meiner Laterne wegkommen! Was, Kinder?
So, aber nun werde ich schnell hinter den Felsen laufen. (er schnuppert in der Luft) Es riecht so komisch wie nach Zauberer! Also mach es gut!

Kasper rennt hinter den Felsen. Es saust und wirbelt in der Luft und der Zauberer steht vor der Höhle.

Zauberer: Ich, der große Zauberer Witzliputzli habe wieder einmal auf der Erde so manche Dinge durcheinandergebracht. Nun will ich doch sehen, was die schöne Prinzessin macht. Sie ist so schön, daß ich sie heiraten will und muß! Für sie liegt ein Kleid bereit, so schön wie der Himmel in der Nacht, und dazu Schmuck wie die Sterne und der Mond. Da wird sie vor Schönheit leuchten. Heute will ich es zum letzten Mal mit Güte versuchen, daß sie in die Heirat einwilligt. Dann muß ich mir etwas einfallen lassen, wenn sie nicht will. Etwas, daß sie mich heiraten muß!

Prinzessin geht auf und ab. Er sieht sie.

Zauberer: Da seid Ihr ja, schöne Prinzessin! Heute keine Tränen?

Prinzessin reicht dem Zauberer die Hand.

Zauberer: (leise) Oh, wie wird mir, sie ist freundlich!

Prinzessin: Ich habe es mir überlegt, großmächtiger Zauberer Witzliputzli, ich will Euch doch zum Manne nehmen. Allerdings habe ich eine Bedingung darangeknüpft, die aber doch ein Leichtes ist für Sie, sie mir zu erfüllen!

Zauberer: (hastig) Sprecht, sprecht, wenn Ihr glaubt, daß ich sie erfüllen kann, dann ist Euer Wunsch schon gewährt!

Prinzessin: Holt doch das Hochzeitskleid und den Hochzeitsschmuck. Ich will beides in den letzten Strahlen der Abendsonne selbst sehen, denn dann kann ich es nur noch in der Nacht im Höhlenschloß!

Zauberer: War das alles! Ihr macht mich glücklich! Ich eile und werde gleich mit den Dienern, die Kleid und Schmuck tragen, wieder da sein.

Er verschwindet im Höhleneingang.

Kasper kommt mit der Laterne hervor.

Kasper: Nun aber schnell ans Werk. Bitte Kinder, helft mir, den Spruch zu sagen.
Prinzessin, bitte stelle Dich ganz nahe zu mir, damit Dir der Felsen nichts anhaben kann!
Nun los, Kinder: Liebe Laterne, ich hab' Dich so gerne, ich stell' Dich in die Mitte, erfüll' meine Bitte!
Der Fels soll vor den Höhleneingang rollen!

Rumsen und Bumsen, dann Stille. Die Prinzessin hat sich an Kasper geklammert und löst sich langsam von ihm.

Prinzessin: Das war zum Fürchten.

Kasper: Ich hoffe aber, daß Du Dich gut unter meinem Schutz wußtest und nun wollen wir sehen, wie wir am besten hier wegkommen. Was meint Ihr, Kinder?

Auf die Vorschläge der Kinder eingehen – aber dann doch Eigenes entwickeln.

Kasper: Da habt Ihr gute Vorschläge gemacht. Ich habe aber dabei immer auch an das liebe Krokodil denken müssen. Wir sollten es mitnehmen.

Prinzessin: Was für ein Krokodil?

Kasper: Das will ich Dir alles auf unserer Heimreise erzählen. Aber laß' uns nun möglichst schnell von hier wegkommen.

Prinzessin: Ja, das möchte ich auch gerne!

Kasper: So, Kinder, Ihr und Du liebe Prinzessin, helft mir nun wieder, meinen Laternenspruch zu sagen: „Liebe Laterne, ich hab' Dich so gerne, ich stell' Dich in die Mitte, erfüll' meine Bitte:
Hole das Krokodil herauf und laß die Prinzessin und mich auf seinem Rücken reitend nach Hause in's königliche Schloß fliegen!

Man hört Schnarren und Krallen und das Krokodil erscheint!

Krokodil: Da bin ich wieder – es hat mich magisch hierhergezogen und ich habe das Gefühl, daß ich fliegen könnte, wenn sich mir jemand auf den Rücken setzt und weiter habe ich das Gefühl, daß ich genau weiß, wohin ich fliegen soll! Aber da bist Du ja, Kasper! Und wer ist die wunderschöne Dame bei Dir? Was für eine Frage, das kann ja nur die Prinzessin sein! Also hast Du den Zauberer bezwungen!

Kasper: Ja, der ist nun für immer in seinem Höhlenschloß!

Krokodil: Das ist gut!

Prinzessin: Ihr kennt Euch? Da will ich Dir auch die Hand geben, Krokodil. Sie gibt ihm die Hand und das Krokodil die Pfote!

Krokodil: (zu sich) So schön, so schön!

Kasper: Nun Krokodil, Du hast mir schon einmal geholfen und nun bitte ich Dich, trage mich ein zweites Mal und diesmal zusammen mit der Prinzessin durch die Luft ins Königsschloß. Ich werde als Dank dafür sorgen, daß Du dort gut gelitten bist!

Krokodil: (zu sich) Hab' ich es doch gefühlt, daß ich jemanden durch die Luft tragen soll. Wie gerne trage ich die wunderschöne Prinzessin und den Kasper. Na, dann steigt auf! Prinzessin vorne, Kasper dahinter und halte die Prinzessin gut fest!

Kasper: Fliege lieber langsamer! Und Dir Prinzessin werde ich während des Fluges erzählen, wie es zu Deiner Erlösung gekommen ist.
Es kann losgehen!

Scharren und Heulen, Wind usw. Im Schloß im Thronsaal. Der König sitzt traurig auf seinem Thron. Da kommt eilig der Polizist herein.

Polizist: Herr König, Herr König, halten zu Gnaden, eben hat der Kasper mit der Prinzessin und einem riesigen Krokodil das Schloß betreten. Sie werden gleich da sein!

König springt auf. In diesem Augenblick läuft die Prinzessin auf ihn zu und umarmt ihn. Kasper und Krokodil bleiben entfernt stehen. Dann löst sich der König von der Prinzessin und geht auf Kasper zu.

König: Kasper, wie soll ich Dir danken! Aber wer ist das da und was hat dies Tier mit uns zu tun?

Kasper: Er hat mir geholfen, die Prinzessin wiederzubekommen. Aber die ganze Geschichte werde ich später erzählen. Doch wer das Tier ist, darüber kann ich Ihnen auch keine Auskunft geben.

König: Krokodil, wenn Du sprechen kannst, dann sage wer Du bist – aber wer Du auch immer bist, ich will Dir stets dankbar sein!

Donnerschlag und ein Prinz steht vor dem König.

Prinz: Ich bin der Sohn Eures Nachbarreiches und auch mich hat der Zauberer Witzliputzli verzaubert und ich mußte den Zaubersee hüten. Aber wenn Ihr von Dankbarkeit sprecht, so brauche ich diese nicht. Ich habe Kasper zu danken, weil er mich mit hierher genommen hat. So hat sich der Wunsch der Fee Paribanu, den sie mir als Milderung meines Schicksals einmal sagte, doch seine Richtigkeit gehabt. „Wenn Dich jemand mitnimmt, dann wirst Du erlöst sein." Dieser Wunsch ist in Erfüllung gegangen.
Nun habe ich aber eine Bitte: Gebt mir Eure Tochter zur Frau!

König: Da müßt Ihr die Prinzessin selber fragen!

Prinzessin: Ich will Vater, denn ich hatte das Krokodil gleich liebgewonnen und zur Hochzeit mußt Du Kasper und seine Frau, die Gretl, einladen! Was meint Ihr, Kinder?

Kasper wieder auf der Straße vor seinem Haus. Er trägt einen Sack.

Kasper: Gretl, Gretl komm raus und schau!

Gretl kommt schnell heraus!

Gretl: Daß Du nur wieder da bist, Kasper. Was hast Du denn da?

Kasper: Schau!

Er öffnet den Sack und Gretl schaut hinein.

Gretl: So viel Geld!!! Na, da haben wir keine Sorgen mehr.

Kasper: Ja und wir sind zur Hochzeit der Prinzessin eingeladen. Komm Gretl, gehen wir ins Haus, und dann will ich Dir alles erzählen.